基于学生核心素养的初中英语学科实践研究

梁毅 著

湖南大学出版社

· 长沙 ·

图书在版编目（CIP）数据

基于学生核心素养的初中英语学科实践研究／梁毅

著. -- 长沙：湖南大学出版社，2025. 3. -- ISBN 978-

7-5667-4084-7

Ⅰ. G633.412

中国国家版本馆 CIP 数据核字第 2025AW8227 号

基于学生核心素养的初中英语学科实践研究

JIYU XUESHENG HEXIN SUYANG DE CHUZHONG YINGYU XUEKE SHIJIAN YANJIU

著　　者：梁　毅

责任编辑：向彩霞

印　　装：长沙创峰印务有限公司

开　　本：710 mm×1000 mm　1/16

印　　张：17

字　　数：213 千字

版　　次：2025 年 3 月第 1 版

印　　次：2025 年 3 月第 1 次印刷

书　　号：ISBN 978-7-5667-4084-7

定　　价：68.00 元

出 版 人：李文邦

出版发行：湖南大学出版社

社　　址：湖南·长沙·岳麓山　　　　邮　　编：410082

电　　话：0731-88822559(营销部)，88821343(编辑室)，88821006(出版部)

传　　真：0731-88822264(总编室)

网　　址：http://press.hnu.edu.cn

电子邮箱：463229873@qq.com

前　言

　　教育部制定的《义务教育英语课程标准（2022年版）》明确提出："核心素养是课程育人价值的集中体现，是学生通过课程学习逐步形成的适应个人终身发展和社会发展需要的正确价值观、必备品格和关键能力。英语课程要培养的学生核心素养包括语言能力、文化意识、思维品质和学习能力等方面。语言能力是核心素养的基础要素，文化意识体现核心素养的价值取向，思维品质反映核心素养的心智特征，学习能力是核心素养发展的关键要素。核心素养的四个方面相互渗透，融合互动，协同发展。"英语课程是基础教育课程体系的重要组成部分，是培养学生跨文化沟通与交流的意识和能力的重要载体。自核心素养的概念提出以来，我国教育研究者和一线教师在英语学科核心素养领域开展了大量的研究，对学生核心素养的培养起到了积极的作用。从核心素养概念的表述上看，核心素养的生成强调学生的主体性，而已有文献较为集中地表现在对英语学科核心素养内涵的解读以及相应的教学改革上，主要从教师的角度考虑如何教，却鲜有对以英语学习者为主体的核心素养生成问题进行研究。传统的英语教学以教师对单词、句子、语法、语篇的课堂讲解与机械训练为主要方式，英语学习则以单词的背诵和语法的识记为主要手段，学生在此过程中所习得的语言文化知识虽然是核心素养生成的专业基础，但无法直接转变为学生应具备的核心素养。因此，英语教师只有对核心素养的生成机制有充分的认识，才能探寻有效的培养路径。

《义务教育课程方案（2022年版）》要求在课程实施中深化教学改革，强化学科实践，注重"做中学"，注重真实情境的创设，增强学生认识真实世界、解决真实问题的能力。显然，学科实践是英语学科核心素养生成的关键路径。新课程方案颁布次年，教育部印发《基础教育课程教学改革深化行动方案》，于2023年5月前部署安排，至2027年持续推进教学方式变革行动。该行动方案提出要落实课程方案和课程标准，不断深化教学改革，聚焦核心素养导向的教学设计、学科实践、跨学科主题学习、作业设计、考试命题、综合素质评价等教学改革重点难点问题，探索有效推进教学改革的实践模式。学科实践成为核心素养导向下学科学习新形态的核心问题，是落实学科育人与实践育人的重要抓手，以此推进育人方式变革。对英语学科核心素养生成的研究应着眼于学生如何在具有真实互动情境的英语学科实践中，对语言技能和文化知识进行意义建构并内化为自身的情感和价值观，进而迁移为解决现实世界中相关问题的关键能力。本书根据新课标对英语学科核心素养的内涵界定，就语言能力、文化意识、思维品质、学习能力四个维度开展基于学生核心素养的初中英语学科实践研究。

全书共分七章。第一章运用 CiteSpace 软件分析回顾了我国英语学科核心素养研究的现状、热点领域和前沿主题，并以此为基础展望研究的未来走向，以期为新课标背景下英语学科核心素养研究以及基础教育英语课程教学深化改革提供借鉴和启示。第二章主要探寻英语学科实践的意蕴及价值，基于对英语学科实践的定义阐述和内涵解析，探讨英语学科实践在落实新课标提出的"英语学习活动观"过程中的实践意义，进而探寻其在提升学生的语言能力、文化意识、思维品质和学习能力等方面的核心素养的价值。第三章阐述英语学科实践的理论基础，基于马克思主义实践哲学、中国哲学"知行合一"理念、境脉学习理论等相关论述，通过厘清英语学科实践的体验性、主体性、具身性、指向性、动态性等特性，为研究基于学生核心素养的初中英语学科实践奠定理论基础。第四章主要聚焦初中英语学科实践的实然困境及成因分析。当前，英语学科实践受到传统理论哲学的缺陷和学科实践本性的异化所带来的理论困囿，同时还存在实践层面的"离身"之困。造成困境的主要原因在于英语学科实践概念内涵的模糊性，以及英语学科实践面临多重传统束缚、多方资源限制和应试教育的抵制等。第五章根据基于核心素养的初中英语学科实践所呈现的"实践"特征、"学科"特征与"教育"特征，在进一步从学习理解、应用实践、迁移创新等维度分析初中英语学科实践类型的基础上，探讨初中英语学科实践学思结合、学用结合、学创结合的运行机理。第六章在阐述初中英语学科核心素养的目标与特征的基础上，从"人与自我""人与社会""人与自然"三大主题范畴入手，探讨实践活动设计并分析实践活动案例，进而对初中英语学科实践的课堂评价、作业评价、单元评价、期末评价等四种评价方式的设计进行研究。第七章主要聚焦基于核心素养的初中英语学科实践的策略优化问题。一是初中英语学科实践要凸显中国式现代化进程中英语课程的育人价值；二是初中英语学科实践要构建文化共生教育的"第三空间"；三是教育者在实际教学中要秉持英语学习活动观，强化初中英语学科实践。

作为广西师范大学教育学部课程与教学论专业的博士研究生，本人虽在高校从事本科生英语教学工作十余载，但对于基于学生核心素养的初中英语学科实践的探索尚处于深化研究和实验的过程中，书中难免存在诸多不足之处，恳请各位课程与教学论研究同行、初中英语教师和广大读者批评指正。

梁　毅

2024 年 9 月

目　次

第一章 英语学科核心素养研究的
知识图谱与前景展望

2023 年 5 月，教育部印发的《基础教育课程教学改革深化行动方案》提出，要重点监测学生核心素养发展状况，聚焦核心素养导向的教学改革重难点问题。① 英语课程是基础教育课程体系的重要组成部分，是培养学生跨文化沟通与交流的意识和能力的重要载体。自核心素养的概念提出以来，我国教育研究者和一线教师在英语学科核心素养领域开展了大量研究，对学生核心素养的培养起到了积极作用。本研究运用可视化文献分析软件（CiteSpace 软件）分析回顾了我国英语学科核心素养研究的现状、热点领域和前沿主题，并以此为基础，展望研究的未来走向，以期为新课标背景下英语学科核心素养研究以及基础教育英语课程教学深化改革提供借鉴和启示。

---

① 教育部办公厅关于印发《基础教育课程教学改革深化行动方案》的通知［EB/OL］.（2023-06-01）［2024-08-15］. http：//www. moe. gov. cn/srcsite/A26/jcj_ kcjcgh/202306/t20230601_ 1062380. html.

第一节　研究设计与研究现状梳理

一、数据来源

本研究的数据源于中国知网（CNKI）数据库，检索范围设置为"文献"，发表时间区间设置为从"不限"到"2024 年 6 月 2 日"，于 2024 年 6 月 2 日将"主题"设置为"英语学科"并包含"核心素养"进行精确检索，经过筛选后，共获得有效文献 1920 篇，其中学术期刊论文 844 篇（CSSCI 期刊 49 篇、中文核心期刊 76 篇），会议论文 252 篇，报纸文章 2 篇，学位论文 822 篇（博士论文 14 篇）。

二、研究方法

本研究运用 CiteSpace 6.1.R6 软件对我国英语学科核心素养的相关文献进行可视化分析，以知识图谱的方式呈现该领域研究的整体概况和发展趋势。通过 CiteSpace 软件和 Excel 工作表散点图功能，对英语学科核心素养研究的文献年度变化现状进行计量可视化分析；基于 CiteSpace 软件的关键词共现和聚类功能，对英语学科核心素养研究的热点领域进行解读；基于 CiteSpace 软件的突现词探测功能，对英语学科核心素养研究的前沿主题进行评析，进而探索英语学科核心素养研究的未来走向。

三、基于计量可视化分析的研究现状梳理

文献发表的年度数量在较大程度上能直观地反映相关领域研究的演进历程和发展现状，本研究借助 CNKI 网站的文献检索和导出功能，通过 CiteSpace 软件进行数据转化与分析，利用 Excel 工作表散点图功能，对我国有关英语学科核心素养研究的主要文献进行整理和可视化呈现，具体数据如图 1-1 所示。

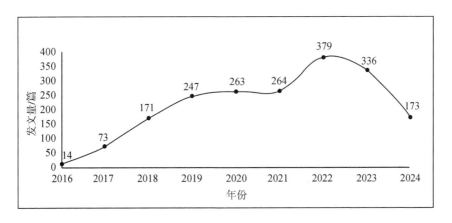

图 1-1　英语学科核心素养文献发表年度趋势分布图

从图 1-1 来看，我国有关英语学科核心素养研究的发文量总体呈上升趋势，2023 年有小幅度回落；2024 年的发文量仅计算至 6 月 2 日，据此预测的全年发文量较之上一年度应有所回升。其研究历程大致可以分为以下四个阶段。

（1）2016—2017 年是我国英语学科核心素养研究的起步阶段，发表文献数量分别为 14 篇和 73 篇，这是因为 2014 年发布的《教育部关于全面深化课程改革落实立德树人根本任务的意见》首次提出了"核

心素养"的概念①，虽然有极少数的英语教育者和研究者开始尝试探索英语学科核心素养的相关问题，但尚未引起足够重视，因此发表文献数量非常少。

（2）2018—2019 年是我国英语学科核心素养研究的发展阶段，发表文献数量增加至 171 篇和 247 篇，这主要得益于教育部于 2018 年正式颁布的《普通高中英语课程标准（2017 年版）》提炼出了英语学科核心素养②。至此，学者们对英语学科核心素养的前期试探性研究得到了课标的推动和支持，相关文章的发表数量呈现迅猛增长的态势。

（3）2020—2021 年是我国英语学科核心素养研究的完善阶段，发表文献数量分别为 263 篇和 264 篇，该领域研究保持较高的热度并呈现出缓慢增长的趋势，原因在于教育部 2020 年颁布的《普通高中英语课程标准（2017 年版 2020 年修订）》进一步强调"发展英语学科核心素养，落实立德树人根本任务"③，英语学科核心素养研究得到了外语教育界的持续关注。

（4）2022—2024 年是我国英语学科核心素养研究的深化阶段，发表文献数量分别为 379 篇、336 篇和 173 篇（计算至 2024 年 6 月 2 日），较之上一阶段有了大幅度增长，主要是因为 2022 年教育部制定的《义务教育英语课程标准（2022 年版）》明确"英语课程要培养

---

① 教育部关于全面深化课程改革落实立德树人根本任务的意见［EB/OL］.（2014-04-08）［2024-08-20］. http：//www. moe. gov. cn/srcsite/A26/jcj_ kcjcgh/201404/t20140408_ 167226. html.

② 中华人民共和国教育部. 普通高中英语课程标准（2017 年版）［S］. 北京：人民教育出版社，2018：4.

③ 中华人民共和国教育部. 普通高中英语课程标准（2017 年版 2020 年修订）［S］. 北京：人民教育出版社，2020：2.

的学生核心素养包括语言能力、文化意识、思维品质和学习能力等方面"① 的内容，英语学科核心素养研究再次引起外语教育界的深度关注。

第二节 基于关键词共现和聚类的
热点研究领域考察

一、关键词共现分析

关键词是对文献主题内容的高度概括，CiteSpace 软件的关键词共现分析可以反映某一研究领域的热点主题。为了考察我国英语学科核心素养研究领域的热点主题，笔者将相关数据导入 CiteSpace 软件，把节点类型设定为关键词（keyword），根据得到的有效文献的年份，将时间跨度设定为 2016 年 1 月至 2024 年 6 月，时间切片为 1 年，运行 CiteSpace 软件，获得有效文献数据 1920 条。得到节点数为 429、连线数为 837、密度为 0.0091 的英语学科核心素养研究文献关键词共现网络图谱（图 1-2）。鉴于文献涉及的关键词数量较多，本图谱设定只显示出现频次达到 5 次及以上的关键词。由于该图谱是在控制面板设置按频次（by frequency）显示的情况下产生的，所以关键词共现网络图谱中的节点字号大小与关键词出现的频次是正相关的关系，字号越大，则出现的频次越高。节点之间的连线粗细亦与关键词之间的关联度呈

---

① 中华人民共和国教育部. 义务教育英语课程标准（2022 年版）[S]. 北京：北京师范大学出版社，2022：4-9.

正相关的关系，连线越粗的则关联性越强。从图1-2可以看出，关键词"核心素养""高中英语""初中英语"节点字号较大，是图谱中出现频次较高的三个关键词，这说明学者们对中学阶段英语学科核心素养的研究较多，其中对高中英语学科核心素养的研究多于初中英语学科核心素养的研究，这与相应的核心素养内涵提出的时间有很大关系，前者在《普通高中英语课程标准（2017年版）》中提出①，而后者在《义务教育英语课程标准（2022年版）》中提出②。

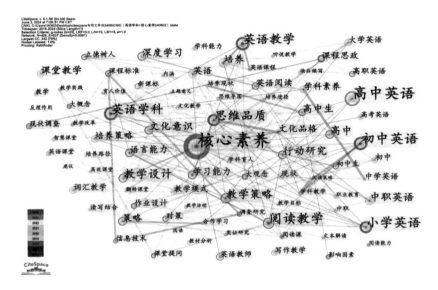

图1-2 英语学科核心素养研究文献关键词共现网络图谱

为了更具体地呈现英语学科核心素养研究的热点问题，本研究列出了出现频次排名前24的关键词信息（见表1-1），其中，中心性大

① 中华人民共和国教育部.普通高中英语课程标准（2017年版）[S].北京：人民教育出版社，2018：4.

② 中华人民共和国教育部.义务教育英语课程标准（2022年版）[S].北京：北京师范大学出版社，2022：4-9.

于或等于 0.1 的关键词具有重要影响力。从表 1-1 可以看出，"核心素养""初中英语""小学英语""思维品质""英语学科""英语教学"等关键词的中心性大于或等于 0.1，表明这些主题是英语学科核心素养研究的关键热点内容。英语学科核心素养中的"文化意识""语言能力""学习能力"三个维度也出现在高频关键词中，但出现频次和影响力远小于"思维品质"，表明这三个核心素养维度尚有较大的研究空间。

表 1-1　英语学科核心素养研究领域高频关键词

序号	关键词	词频	中心性	序号	关键词	词频	中心性
1	核心素养	718	0.46	13	行动研究	43	0.04
2	高中英语	247	0.08	14	中职英语	43	0.04
3	初中英语	160	0.16	15	深度学习	39	0.03
4	阅读教学	134	0.06	16	课堂教学	36	0.03
5	小学英语	129	0.14	17	高中生	36	0.03
6	思维品质	111	0.12	18	培养	35	0.05
7	英语学科	102	0.11	19	英语	33	0.06
8	英语教学	91	0.15	20	策略	33	0.06
9	教学设计	77	0.03	21	培养策略	32	0.04
10	教学策略	57	0.08	22	文化品格	31	0.06
11	文化意识	53	0.03	23	语言能力	29	0.05
12	高中	50	0.03	24	学习能力	26	0.04

二、关键词聚类分析

对数似然比（log-likelihood ratio，LLR）通常用于度量相关性或相似度，本研究运用 CiteSpace 软件，通过 LLR 对我国英语学科核心素养研究的关键词进行聚类分析，得到英语学科核心素养研究关键词聚类图谱如图 1-3 所示。

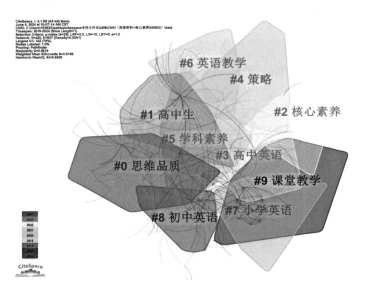

图1-3　英语学科核心素养研究关键词聚类图谱

图 1-3 中的高频关键词被划分为#0~#9 共 10 个聚类，聚类的编号与所包含的关键词数量之间为负相关的关系，编号越小，则包含的关键词越多。关键词聚类分析中的 Q 值（聚类模块值）一般用于观察聚类网络结构是否显著，而 S 值（加权平均聚类轮廓值）则用于观察聚类轮廓是否合理。当 $Q > 0.3$ 时，表明关键词聚类内部连接关系紧密，聚类结构显著；当 $0.7 < S \leqslant 1$ 时，S 值越大，意味着同一聚类内相似性越高，聚类轮廓越合理。在本研究中，$Q = 0.5819$，表明关键词网络聚类结构达到显著水平；$S = 0.8196$，表明关键词聚类轮廓合理，聚类效果较为理想，可信度较高。结合关键词共现和聚类的分析结果，

本研究将我国英语学科核心素养研究的热点归纳为基于课程标准的英语学科核心素养培养和指向核心素养的基础教育阶段英语教学两个领域。

三、热点领域解读

(一)热点领域一：基于课程标准的英语学科核心素养培养

2014 年颁布的《教育部关于全面深化课程改革落实立德树人根本任务的意见》首次在国内以教育部官方文件的形式提出"核心素养"的概念，并部署修订中小学课程标准和制订核心素养体系。① 之后的十年时间里，教育部逐步对普通高中英语课程标准和义务教育英语课程标准进行修订，发挥核心素养的统领作用，并进一步明确英语学科核心素养的内涵和维度。此外，国内基础教育研究者和实践者们也开始了长达十年的英语学科核心素养培养的持续探索，并取得了较为丰硕的研究成果。

教育部制定的《普通高中英语课程标准（2017 年版）》指出，英语学科核心素养主要包括语言能力、文化意识、思维品质和学习能力。② 通过课标的形式界定了英语学科核心素养的概念和内涵之后，教育研究者、教材编写者以及一线教师展开了指向学科核心素养的英

---

① 教育部关于全面深化课程改革落实立德树人根本任务的意见［EB/OL］.（2014-04-08）［2024-08-20］. http://www. moe. gov. cn/srcsite/A26/jcj_ kcjcgh/201404/t20140408_ 167226. html.

② 中华人民共和国教育部. 普通高中英语课程标准（2017 年版）［S］. 北京：人民教育出版社，2018：4.

语课程标准的理论研究、教材修订以及相应的课程教学改革实践。教材是将课程标准具体化为操作性强的课堂教学实践的重要载体，新版课程标准的提出必然需要对教材的结构、内容、活动设计等进行相应的修改与优化。王蔷等人从英语学科核心素养培养的视角阐释了北京师范大学于2019年出版的普通高中英语教材的修订依据和特色，指出该版教材在教学活动设计上以英语学习活动观为指导，引导师生不断建构英语学习活动，可以使对学生语言能力、思维品质、文化意识和学习能力等核心素养的培养落到实处。[①] 程晓堂在对高中英语学业标准的理论研究中认为，学业标准不应局限于衡量学生对课程内容的掌握程度，而应该指向核心素养。核心素养是学生在课程学习的过程中逐步形成的，其水平与所处的阶段具有一致性，学业质量标准不能等同于考试标准，而应该看作课程教学应培养的核心素养水平的具体化。[②] 为深入贯彻党的十九届四中全会精神和全国教育大会精神，落实立德树人根本任务，完善中小学课程体系，2020年，教育部对《普通高中英语课程标准（2017年版）》进行了修订，修订版的课程标准沿用了2017年版关于英语学科核心素养四个维度的划分。

随后，教育部制定的《义务教育英语课程标准（2022年版）》也明确了义务教育阶段英语学科核心素养的内涵，并且借鉴了普通高中英语课程标准对核心素养的划分维度。在新课标背景下，如何运用信息技术提升义务教育阶段英语学习者的核心素养是值得探讨的问题。陈则航等人提出以英语学科能力发展为核心的"评—学—教"一体化

---

① 王蔷，王琦. 2019版普通高中英语（北师大版）教材的修订依据、主要变化与特色 [J]. 基础教育课程，2019（15）：59-65.

② 程晓堂. 高中英语学业质量标准研究 [J]. 课程·教材·教法，2018（4）：64-70.

理念，依托信息技术为教与学提供个性化服务，推动学生核心素养发展。① 总的来说，从核心素养的概念在课标中得到明确以来，学者们对英语课程标准的研究始终围绕核心素养展开。

（二）热点领域二：指向核心素养的基础教育阶段英语教学

在我国基础教育阶段的英语教学中，迫于升学的压力，相当多英语教师仍然奉行知识本位的理念，把英语教学的重点放在对考试成绩影响更大的目标即语言知识的讲解和应试技巧的训练上，忽视了英语课程的育人价值。赵连杰在对我国基础英语教育的学科育人价值探讨中认为基础教育阶段的英语教育受到质疑与其育人价值的模糊性有很大的关系，并从学科德育、学科智育、学科美育三个方面探究了基础英语教育的学科育人功能。② 自核心素养的概念提出以来，教育研究者和一线教师开始关注指向学科核心素养的基础英语教学问题。孟庆涛在英语教学改革的反思中建议实施素养本位的英语教学，认为素养本位并不是对知识本位的否定，学生对英语知识的学习是素养本位的英语教学的有机组成部分，有助于学科核心素养的生成和发展。③ 但是，简单的目标语言知识积累并不意味着素养的全面提升，学科核心素养需要在真实的情景中以学生为中心，通过具身参与才能得以提升。陈新忠等人在阐述如何开展基于高中英语学科核心素养的词汇教学时

---

① 陈则航，王蕾，孙引. 信息技术支持的英语"评—学—教"一体化探究［J］. 天津师范大学学报（基础教育版），2024（1）：13-18.

② 赵连杰. 基础英语教育的学科育人价值探究［J］. 中小学教师培训，2017（1）：52-56.

③ 孟庆涛. 核心素养视域下英语教学改革的反思与推进［J］. 课程·教材·教法，2019（6）：107-111，143.

指出，词汇教学要围绕相应的主题语境中的任务设计活动，使学生在主题意义的引导下，通过理解和迁移获得解决实际问题的综合能力。[1]魏惠等人认为，初中英语课程培养学生核心素养的关键在于单元教学目标的设计，从理论建构和实践操作方面对基于核心素养发展的单元教学目标设计提出可视化的路径建议，具有较强的实践操作性。[2]郭宝仙等人指出教师是英语课堂教学中培养学生学科核心素养的关键，只有当教师自己对核心素养的内涵和构成要素有了充分的理解，并率先提升自身的核心素养以及与之相匹配的教学能力，才能推动核心素养培养在课堂教学中的落地。[3]朱芬探讨了通过深度教学提升学生英语核心素养的教学模式，认为指向核心素养的英语学习活动不能仅止步于教会学生习得语言知识，而是要通过情景化的活动引导学生超越知识符号学习，自主探究英语课程知识所蕴含的文化价值取向，形成思考、分析并解决问题的能力。[4]

除了对学生核心素养全面培养的研究，也有部分学者对核心素养四个维度中的某一个维度进行研究，其中学者们较为感兴趣的是对思维品质的研究。陈则航等人认为针对中小学英语课程中文本的意义探究有助于发展学生的思维品质。教师通过创设真实的任务情境，带领学生深度挖掘英语文本，使学生分析问题的逻辑性得到发展，批判性

---

① 陈新忠，景鹏. 高中英语学科核心素养指导下的词汇教学 [J]. 基础教育课程，2019（20）：41-46.

② 魏惠，程晓堂. 初中英语单元教学目标设计的理念与实践 [J]. 课程·教材·教法，2022（8）：137-144.

③ 郭宝仙，章兼中. 如何在课堂教学中培养英语学科核心素养 [J]. 课程·教材·教法，2019（4）：66-71.

④ 朱芬. 基于英语核心素养提升的深度教学模式探究 [J]. 教学与管理，2018（30）：102-104.

思维和创造性思维得到有效提升。[①] 由此可见，学者们对基础教育各阶段指向核心素养的英语教学做了积极的探索，但大多数是从英语学科核心素养培养的整体思路进行考量，对核心素养四个维度的研究还不够全面。除思维品质，其他维度如文化意识等还需要得到更多的关注。

第三节　基于突现词变化的前沿研究主题评析

一、突现词探测

突现词是指某个研究领域内在某一时间段激增的热点关键词，对突现词的探测有助于分析该研究领域的发展趋势。为了更好地把握我国英语学科核心素养领域的前沿主题，本研究运用 CiteSpace 软件的关键词突现分析功能探测出 2016—2024 年该领域排名前 10 的突现词（图 1-4）。其中，从"文化品格"到"职业教育"共 6 个突现词属于该领域早期的研究方向，其突现期已陆续于 2018—2021 年结束，不属于相对当前而言的研究前沿。"课程思政"一般是指教育部 2020 年印发的《高等学校课程思政建设指导纲要》中提出的概念[②]，虽然其育人目标与学科核心素养有一定的关系，但两者在具体维度上存在较大

---

① 陈则航，王蔷，钱小芳. 论英语学科核心素养中的思维品质及其发展途径 [J]. 课程·教材·教法，2019（1）：91-98.

② 教育部关于印发《高等学校课程思政建设指导纲要》的通知 [EB/OL].（2020-06-01）[2024-08-20]. http：//www. moe. gov. cn/srcsite/A08/s7056/202006/t20200603_462437. html.

差异，因此在本研究中不展开阐述。"行动研究"是对英语学科核心素养培养问题开展研究的创新性范式之一，其概念并非因核心素养的提出而突然出现，因此在本研究中亦不展开阐述。从近三年的突现词来看，"新课标"和"文化教学"是英语学科核心素养研究的前沿。这与《义务教育英语课程标准（2022 年版）》中提出的核心素养的内涵相契合①，是基础教育英语课程教学改革的新方向。

关键词	年份	强度	开始时间	结束时间	2016—2024 年变化趋势
文化品格	2016	7.36	2016	2019	
学习策略	2016	2.21	2016	2018	
语言能力	2017	2.71	2017	2019	
培养研究	2017	2.26	2017	2018	
学科能力	2019	2.78	2019	2021	
职业教育	2020	2.49	2020	2021	
课程思政	2021	4.18	2022	2024	
行动研究	2017	3.95	2022	2024	
新课标	2022	3.67	2022	2024	
文化教学	2022	2.33	2022	2024	

图 1-4　2016—2024 年英语学科核心素养研究突现词变化图

① 中华人民共和国教育部. 义务教育英语课程标准（2022 年版）[S]. 北京：北京师范大学出版社，2022：4-9.

二、前沿主题解读

（一）前沿主题一：新课标

在本研究中，CiteSpace 突现词探测得出的 2022—2024 年突现的关键词"新课标"主要是指教育部制定的《义务教育英语课程标准（2022 年版）》。虽然早在 2017 年"核心素养"的概念就已被纳入普通高中英语课程标准，但对于义务教育阶段而言，则是在 2022 年颁布的新课标中才首次明确英语课程"核心素养"的内涵，至此，我国基础教育阶段的英语课程全面开启谱写聚焦中国学生发展核心素养的新篇章。于海波等人对新课标进行了深度解读，认为"素养导向"是我国义务教育阶段英语教育课程内容的新定位，强调核心素养的整体性，呼吁教师通过核心素养导向的课程内容设计和课堂教学促进学生的全人发展。① 黄贻宁等人从表述、结构、分级三个维度分析了英语新课标课程内容的变革意蕴，建议教师开展动态化、整体化、生命化的素养本位知识教学，创设情境引导学生通过"真探究"形成解决问题的经验，以"学思用创"的英语活动教学形态发展学生的学科核心素养。② 王蕾等人以核心素养为导向，从日常教学评价和考试评价两个维度探索构建与新课标相适应的学业评价机制，建构了聚焦日常教学中学生学习过程的"低阶—中阶—高阶—素养"逐级递进的英语课程

---

① 于海波，毕华林，吕世虎，等. 新课标新在哪：义务教育课程标准（2022 年版）深度解读［J］. 中国电化教育，2022（10）：1-19.
② 黄贻宁，黄远振. 义务教育英语课程内容的变革意蕴与教学路径［J］. 课程·教材·教法，2023（3）：111-117.

单元学习评价连续体，指出以核心素养为导向的阶段性考试评价要体现出学生在学习英语语言知识后能够具有正确的价值判断和情感态度，并且能将其运用在解决相应的问题上。① 可见，虽然学者们从多个角度对新课标进行了解读，并就核心素养的培养和评价提出了操作性较强的建议，但大多数以教师的视角探讨新课标的执行问题，而对指向核心素养的新课标背景下英语学习者的主体性研究还有很大的探讨空间。

（二）前沿主题二：文化教学

语言是文化的载体，在我国基础教育英语课程教学中，由于应试教育等不良导向长期得不到有效扭转，语言与文化被人为割裂，有"语言"无"文化"的外语教学困境亟待突破。② 自2022年起，"文化教学"成为英语学科核心素养研究的前沿主题，主要是因为《义务教育英语课程标准（2022年版）》在课程目标上确定了英语课程要培养学生的核心素养，包括发展语言能力、培养文化意识、提升思维品质和提高学习能力。③ 核心素养的这四个方面是整体协同发展的关系，从根源上确立了文化育人的目标，避免语言与文化在实际教学中的人为割裂。此外，新课标还明确规定了"文化知识"是英语课程内容的六个要素之一，在课程内容中与"语言知识"同等处于核心地位，起

① 王蕾，蒋京丽. 以核心素养为导向构建与英语新课标相适应的新型学业评价［J］. 中国考试，2023（1）：67-73.

② 王蕾，葛晓培. 英语课标（2022年版）：突破有"语言"无"文化"的教学窘境［J］. 中小学管理，2022（6）：24-27.

③ 中华人民共和国教育部. 义务教育英语课程标准（2022年版）［S］. 北京：北京师范大学出版社，2022：4-9.

到奠定英语学习者的人文底蕴以及形成正确价值观等关键作用。新课标在对课程实施的教学建议中要求确保语言学习的过程也是学生文化意识建构的过程，建议教师通过理解类英语学习活动为学生铺垫必要的文化背景知识，引导学生在应用实践类活动中内化文化知识，以期在迁移类活动中将其转化为能够理解世界、解决新问题以及理性表达的文化意识素养。对文化教学的研究多集中于培养英语学习者的"文化意识"方面，例如，郝俊勇探讨了初中英语文化意识教学的实施路径，指出教师要依据单元主题所蕴含的文化意识创设具体的情景化教学活动培养学习者的文化情感，通过组织学生参与课本剧表演等进阶活动，使其具身感知中外文化不同的文化意蕴，在多元文化的认同和包容中提升综合素养。① 有效的跨文化沟通与交流是"文化意识"素养中"调适与沟通"维度的重要方面②，程晓堂等人提出了核心素养时代基础教育英语考试形式优化的策略，认为英语考试要关注学生在真实情境中所展示的跨文化交际能力。③ 由此可见，英语课程中的"文化教学"重在对英语学习者"文化意识"的培养，而外语教学中的"文化意识"具有鲜明的"跨文化"属性，在未来的研究中值得深入探究。

---

① 郝俊勇. 英语文化意识教学的内涵、价值与实施路径 [J]. 课程·教材·教法，2023（6）：119-124.

② 中华人民共和国教育部. 义务教育英语课程标准（2022 年版）[S]. 北京：北京师范大学出版社，2022：4-9.

③ 程晓堂，谢诗语，姚铄姿. 基于新课标评价理念的英语考试形式优化策略 [J]. 中国考试，2023（11）：30-36.

第四节　研究展望

基于上述研究现状的梳理，以及热点领域和前沿主题的评析，本研究认为，凸显英语学科的文化育人特征，探索指向核心素养生成的英语学科实践将成为英语学科核心素养研究的未来走向，具体又体现在以下两个方面。

一、提升英语学习者的文化意识

《义务教育英语课程标准（2022 年版）》明确了"文化意识"是英语课程要培养的学生核心素养中的一个方面，是"指对中外文化的理解和对优秀文化的鉴赏，是学生在新时代表现出的跨文化认知、态度和行为选择"。[1] 这是自《普通高中英语课程标准（2017 年版）》首次在高中课标中提出"文化意识"概念以来[2]，我国第三次在基础教育课程标准中明确其在英语教学中的重要性。王静等人以河北科技师范学院 2020 级和 2021 级大一新生为例，对比研究 2017 年版课标实施前后学生英语学科核心素养的差异，发现虽然在新课标要求的倡导下，学生的文化意识有了显著增强，但是调查结果显示学生的文化意

---

① 中华人民共和国教育部. 义务教育英语课程标准（2022 年版）［S］. 北京：北京师范大学出版社，2022：5.

② 中华人民共和国教育部. 普通高中英语课程标准（2017 年版）［S］. 北京：人民教育出版社，2018：4.

识在核心素养的四个维度中最为薄弱。① 由此可见，培养学生的文化意识是当前深化基础教育英语课程教学改革的重点难点问题。俞聪妹认为，基础教育语文课程与英语课程对文化意识培养的最大区别在于前者是母语，重在树立文化自信；而后者是外语，重在培养学生的跨文化意识。② 根据新课标对文化意识三个维度的表述，核心素养时代的文化意识教学重在培养学生的比较与判断、调适与沟通、感悟与内化能力。③ 在文化的比较与判断能力的培养中，要从人类命运共同体的高度帮助学生树立国际视野，引导学生对文化多样性产生正确的判断能力，既认同中华文化，也尊重和包容多元文化；在跨文化调适与沟通能力的培养中，要从跨文化交际礼仪与策略入手，通过真实语境下的文化实践，增强学生在文化冲突中的跨文化适应与交流能力；在文化感悟与内化能力的培养中，要引导学生在学习语言与文化的过程中感悟其中蕴含的中外人文精神和传统美德，将其内化于心并形成正确的价值观，强化国家认同感和中华文化自信。

二、探索指向核心素养生成的英语学科实践

核心素养是"学生通过课程学习逐步形成的适应个人终身发展和社会发展需要的正确价值观、必备品格和关键能力"。④ 从概念的表述

---

① 王静，崔海英. 新《课标》实施前后学生英语学科核心素养差异的调查研究：以河北科技师范学院英语专业两届大一新生为例 [J]. 中国电化教育，2023（9）：117-122.

② 俞聪妹. 基于核心素养的英语教学深化改革 [J]. 中国教育学刊，2023（8）：41-43.

③ 中华人民共和国教育部. 义务教育英语课程标准（2022年版）[S]. 北京：北京师范大学出版社，2022：4-9.

④ 中华人民共和国教育部. 义务教育英语课程标准（2022年版）[S]. 北京：北京师范大学出版社，2022：4.

上看，核心素养的生成强调学生的主体性，而已有文献较为集中于对英语学科核心素养内涵的解读以及相应的教学改革上，主要从教师的角度考虑如何教，鲜少对以英语学习者为主体的核心素养生成问题进行研究。传统的英语教学以教师对单词、句子、语法、语篇的课堂讲解与机械训练为主要方式，英语学习则以单词的背诵和语法的识记为主要手段，虽然学生在此过程中所习得的语言文化知识是核心素养生成的专业基础，但其无法直接转变为学生应具备的核心素养。因此，英语教师只有对核心素养的生成机制有充分的认识，才能探寻有效的培养路径。研究英语学科核心素养的生成首先要从研读新课程方案入手，《义务教育课程方案（2022 年版）》要求在课程实施中深化教学改革，强化学科实践，注重"做中学"。① 显然，学科实践是英语学科核心素养生成的关键路径。"缔结学生与现实世界的实践关系，增强课堂实践感，是核心素养生成的必然要求。"② 也就是说，对英语学科核心素养生成的研究应着眼学生如何在具有真实互动情境的英语学科实践中对语言技能和文化知识进行意义建构，并内化为自身的情感和价值观，进而迁移为解决现实世界中相关问题的关键能力。研究者可根据新课标对英语学科核心素养的内涵界定，就语言能力、文化意识、思维品质、学习能力四个方面分别开展指向不同维度的核心素养生成的英语学科实践探索。如前文所述，学生的文化意识在核心素养的四个维度中最为薄弱，未来研究应重点关注指向文化意识生成的英语学科实践之探索。

---

① 中华人民共和国教育部. 义务教育课程方案（2022 年版）[M]. 北京：北京师范大学出版社，2022：14.

② 郭元祥. 让课堂向现实世界敞开：指向核心素养的课堂实践感 [J]. 教育研究，2023（7）：43-56.

第二章 英语学科实践的意蕴与价值探寻

本章主要探寻英语学科实践的意蕴及价值，基于对英语学科实践的定义阐述和内涵解析，探讨英语学科实践在落实新课标提出的"英语学习活动观"过程中的意义，进而探寻其在提升学生的语言能力、文化意识、思维品质和学习能力等方面的核心素养的价值。

第一节 英语学科实践的意蕴

一、英语学科实践的定义

崔允漷等学者认为："学科实践是指具有学科意蕴的典型实践，即学科专业共同体怀着共享的愿景与价值观，运用该学科的概念、思想与工具，整合心理过程与操控技能，解决真实情境中的问题的一套典型做法。"[①] 因此，英语学科实践可以定义为具有英语学科意蕴的典型实践，即英语学科专业共同体怀着共享的愿景与价值观，运用英语

---

① 崔允漷，张紫红，郭洪瑞. 溯源与解读：学科实践即学习方式变革的新方向［J］. 教育研究，2021（12）：55-63.

学科的概念、思想与工具，整合语言学习心理过程与应用技能，解决真实情境中的交流和理解问题的一套典型做法。

二、英语学科实践的内涵

从学习的本质、目的、内容、历程四个方面来看，英语学科实践是理论与实践、求知与育人、特殊性与普遍性、个体性与社会性的统一。[①]

（一）英语学科实践是理论与实践的有机结合

英语学习不仅仅是理论知识的积累，更是理论与实践的有机结合。英语学科实践的核心在于"实践—认识—再实践—再认识"的循环过程，这不仅能够帮助学习者巩固知识，还能够使其在实践中不断反思和提升自己的语言运用能力。首先，实践是认识的基础。英语作为一门语言学科，其本质在于交流和沟通。这意味着只有通过不断实践，学习者才能真正理解和掌握英语的使用方法。在课堂上，教师可以通过小组讨论、角色扮演、演讲等各种形式的语言实践活动引导学生在实际语言环境中运用所学知识。通过这些实践活动，学生不仅能够提升口语表达能力，还能够在互动中实现语言的灵活运用。其次，认识是在实践基础上的深化。在实践过程中，学生会遇到各种各样的问题和挑战，这是他们进一步认识和理解语言的机会。例如，在英语辩论赛中，学生可能会发现自己在表达观点时词汇量不够丰富，或者在听取对方发言时难以捕捉到关键信息。这会促使他们在课堂上针对这些

---

① 崔允漷，张紫红，郭洪瑞. 溯源与解读：学科实践即学习方式变革的新方向［J］. 教育研究，2021（12）：55-63.

问题进行深入学习和反思，从而加深对英语语言结构和表达方式的认识。再次，经过认识的深化，学生会带着新的知识和理解回到实践中。这是"再实践"的过程。在新的实践活动中，学生会应用之前学习到的新知识和新方法尝试解决遇到的问题。通过不断的实践，学生不仅能够验证自己的学习效果，还能够发现新的问题和不足。在实践中不断发现问题、解决问题是学生英语能力不断提升的关键。最后，循环往复的"再认识"过程是英语学习的高级阶段。在这个阶段，学生不仅要对自己在实践中的表现进行反思，还要从更高层面去理解和应用英语。例如，他们可以通过阅读英文原版书籍、观看英语电影、参与英语演讲比赛等方式，进一步拓宽自己的视野和知识面。在这些活动中，学生不仅能够提升语言运用能力，还能够感受到英语文化的魅力，从而激发他们学习英语的兴趣和动力。

总的来说，英语学科实践的意义在于通过"实践—认识—再实践—再认识"的循环过程，帮助学生在实践中不断巩固和提升自己的语言能力。只有通过不断的实践和反思，学生才能真正实现"知行合一"，在英语学习的道路上不断前行。对于教师来说，应该注重为学生创造丰富的实践机会，引导他们在实践中发现问题、解决问题，使其在不断实践和认识的循环中实现英语综合能力的全面提升。

（二）英语学科实践是求知与育人的有机结合

在全球化背景下，英语不仅仅是一种交流工具，也是学生获取知识、参与社会实践的重要媒介。然而，传统的英语教育模式往往重视应试成绩，忽视了学生实际运用语言的能力。这种"高分低能"的现象严重制约了学生的发展，使他们在实际生活和工作中难以有效运用英语解决问题。因此，我们需要重新审视和改革英语教育的理念和实践，追求求知与育人的统一，通过实践培养学生解决问题的能力，以回应社会对教育的价值关切。

首先，传统的英语教育过于注重考试成绩，学生们为了追求高分，往往把大量时间和精力花在记忆单词、语法规则和解题技巧上。虽然这种教育模式能够在短期内提高学生的考试成绩，但忽视了语言实际应用能力和综合能力的培养。许多学生在考试中能够取得优异的成绩，但在实际生活中难以运用英语进行有效的交流和表达。这样的教育不仅违背了英语学习的初衷，也无法满足社会对综合型人才的需求。为了改变这一现状，我们必须将英语教育的重点从单纯的应试转向培养学生的实际应用能力和综合素质。这就要求我们在教学过程中注重实践，创造真实的语言环境，让学生在真实的情境中运用英语进行交流和解决问题。例如，可以通过开展英语戏剧表演、模拟国际会议、组织英语辩论赛等活动，让学生在实践中体会到英语的实际价值，锻炼他们的语言表达能力和思维能力。同时，还可以利用现代信息技术，搭建网络交流平台，让学生与外国友人进行实时交流，拓宽他们的国际视野，增强他们的跨文化交际能力。

其次，在实践教学过程中，教师的角色也需要进行转变。教师不仅是知识的传授者，更是学生学习的引导者和支持者。他们需要鼓励学生大胆尝试，勇于表达，帮助学生克服语言障碍，提升其信心。同时，教师还应注重培养学生的批判性思维和解决问题的能力，引导学生在实践中发现问题、分析问题，并通过团队合作和自主学习找到问题的解决方案。通过学科实践活动，学生不仅能够掌握语言技能，还能强化创新精神和团队合作意识，为他们未来的学习和发展打下坚实的基础。另外，英语教育不仅仅是语言能力的培养，更是文化素养和价值观念的传递。在教学过程中，教师需要引导学生了解和尊重不同国家和民族的文化，培养他们的国际理解力和跨文化交际能力。同时，还应注重对学生进行价值观教育，引导他们树立正确的世界观、人生观和价值观，培养他们的社会责任感和使命感。英语学科实践不仅能提高学生的语言能力，还能增强他们的社会责任感和使命感，从而成为有担当、有作为的新时代人才。

（三）英语学科实践是特殊性与普遍性的有机结合

英语学科实践是特殊性与普遍性相统一的过程。在进行英语学科实践时，不能盲目地展开，而必须体现出英语学科的独特性和专业性。独特性指的是英语学科独有的部分，如英语学科内容、核心观念以及思想方法等。这些内容构成了英语学科的基础，使其在教育领域中占有不可替代的地位。首先，英语学科的内容涵盖了广泛的知识领域，包括语法、词汇、文学、文化等。这些知识不仅是学生学习英语的基础，也是他们理解和掌握英语的关键。其中，英语语法和词汇是英语的基本构成要素，通过系统的学习，学生能够准确地运用英语进行交流和表达；而英语文学和文化则为学生提供了丰富的背景知识，提高了他们的人文素养，使他们能够更深入地理解和欣赏英语的魅力。其次，英语学科的核心观念是指在英语教学过程中所坚持的一些基本原则和理念。这些核心观念指导着教师的教学行为和学生的学习过程。例如，语言的交际功能观念强调语言学习的最终目的是交流和沟通，这要求教学过程中注重培养学生的听、说、读、写能力，特别是实际应用能力。而文化理解观念则强调语言学习不仅是语言本身的学习，更是对其背后文化的理解和认同，以帮助学生形成跨文化交际的能力。此外，英语学科的思想方法也是其独特性的体现。这些思想方法包括分析、归纳、类比等，帮助学生在学习过程中形成良好的逻辑思维能力和批判性思维能力。例如，通过对英语语法现象的分析和归纳，学生可以掌握语言的规律和特点，提高语言运用的准确性和灵活性；而通过类比的方法，学生可以将英语与母语或其他外语进行比较，加深对语言本质的理解。

在英语学科实践过程中，英语学科的特殊性并不是孤立存在的，它可能突破本学科的边界，与其他学科产生关联，并涉及跨学科的共通范式和概念。跨学科实践不仅丰富了英语学科的内涵，也拓展了学生的知识视野和思维空间。例如，英语学科与历史学科的结合可以使学生在学习英语语言的同时，了解使用英语语种国家的历史背景和发展脉络，从而更好地理解语言背后的文化内涵；英语学科与地理学科的结合可以帮助学生认识使用英语语种国家的地理环境和自然资源，增强他们的全球视野和环境意识；英语学科与信息技术学科的结合，可以利用现代科技手段增强英语教学的效果和提高英语教学效率，培养学生的数字化学习能力和信息素养。跨学科实践不仅是英语学科发展的需要，也是现代教育的必然趋势。通过跨学科合作和交流，学生可以在不同学科的碰撞中形成综合性、系统性的知识结构，培养解决复杂问题的能力和创新思维能力。同时，跨学科实践也有助于教师在教学中借鉴其他学科的优秀经验和方法，提升自身教学水平和质量。

（四）英语学科实践是个体性与社会性的有机结合

英语学科实践在个体性与社会性之间找到了平衡点，将两者融合在一起。在实践过程中，学生不是被动地接收知识，而是通过实践活动主动地将理论知识转化为对知识的真正掌握和应用。这既有助于提升学生的语言技能，也能够培养他们的思维能力和社会交往能力。在个体性方面，英语学科实践注重学生个体差异和独特性。每个学生都有不同的学习风格、兴趣和背景知识，在教学过程中，教师需要因材施教，提供个性化的学习支持和指导，通过角色扮演、情景模拟等方式，让学生在具体的语言情境中进行练习，从而提高他们的语言表达能力和应变能力。学科实践活动不仅能激发学生的学习兴趣，还能帮助他们更好地理解和记忆所学知识。同时，英语学科实践具有很强的社会性，主要体现在学生之间的互动与合作中。在小组讨论、合作学习等活动中，学生需要共同完成任务，分享彼此的见解和观点。这不仅能够提高他们的语言表达能力，还能够培养他们的团队合作精神和沟通能力。此外，通过与同伴的交流，学生能够在相互启发中获得更多的知识和经验，从而提升他们的综合素质。

英语学科实践还注重将命题性知识转化为学生真正掌握和应用的知识。所谓命题性知识，指的是那些通过教学传授的理论知识和概念。这些知识往往是抽象的、理论化的，需要通过实践才能真正内化为学生的能力。虽然学生在课堂上学习了语法规则和词汇，但只有在写作、演讲、辩论等实际运用中才能真正掌握这些知识。通过不断的练习和应用，学生能够将理论知识转化为实际技能，从而在现实生活中得心应手地运用英语进行交流和表达。英语学科实践还强调学以致用，注重培养学生的实际应用能力，教师不仅要教授语言知识，更要引导学生将所学知识应用到实际生活中。教师可以设计一些与日常生活相关的实践活动，如模拟购物、旅游、面试等情境，让学生在真实的语言环境中进行练习。这不仅能够提高学生的语言应用能力，还能够帮助他们更好地适应未来的社会生活和工作需求。

第二节　英语学科实践的价值

一、落实英语学习活动观

（一）强调语境关联

理论哲学强调知识的普遍性和抽象性，认为抽象化、形式化的知识具有更高的价值和普适性，这种观念在学校课程中往往体现为对抽象知识学习和逻辑推理的重视。抽象的语言学习和记忆被视为传统英语教学的核心目标，这种方式忽视了英语知识与生活的密切关联，使得学生难以在实际生活中应用所学的英语知识。而实践哲学则认为知识是情境性的，产生于特定的情境中，根植于生存实践。实践哲学主张教育应该更加关注学生的生活经验和具体情境，通过真实的、复杂的情境来帮助学生习得知识以及培养学生的能力。虽然传统的英语教学方法尝试通过情境创设来增加学习的真实感，但这些情境往往过于简化，难以反映实际生活的复杂性。英语知识在这些简化情境中仍然是抽象的，学生学习的重点依然是词汇和语法的机械记忆，而非实际应用。而基于真实情境的英语学科实践则强调在复杂、真实的情境中进行英语教学，目的是让学生能够在实际生活中灵活运用英语知识。

杜威区分了形式思维和实际思维，认为实际生活中的情境往往是复杂和不确定的，这种复杂性和不确定性需要反省性思维来应对。①
形式思维强调英语学习中语言规则和逻辑的应用，而实际思维则需要
在不断变化的语言情境中进行反思和调整，以应对现实中的跨文化交
际问题。反省性思维是深度思考和批判性思维的结合，它要求英语学
习者在面对不确定的情况时，能够进行有效的分析和判断。除了提升
语言技能外，英语学科实践还强调在复杂、真实的情境中培养学生的
批判性思维、问题解决能力和跨文化理解等方面的高阶能力。教师应
设计真实的任务和项目，让学生在解决实际问题的过程中学习英语，
以提高学生的语言能力并增强他们的自主学习能力和合作能力。

　　诺尔-塞蒂纳的"实践的推理者"理论也强调了在真实情境中进
行学习和推理的重要性。② 他认为，学习不仅是知识的传递，更是一
个在实际情境中进行探索和发现的过程。在这个过程中，学生不仅学
习知识，还学会如何应用这些知识去解决实际问题。基于真实情境的
英语学习方法可以帮助学生更好地理解和掌握所学内容，并将其应用
到实际生活中。譬如，在英语教学中，教师可以设计各种真实情境，
如模拟面试、商业谈判、旅游规划等，让学生在这些情境中进行语言
实践。这不仅可以提升学生的语言能力，还能让他们更好地理解不同
文化之间的差异和共性，同时培养他们的批判性思维和解决问题的能
力，激发他们的英语学习兴趣，让他们感受到英语学习的乐趣和意义。

　　教师可以采取多种不同形式开展基于真实情境的英语学科实践。
譬如，在社区调查、模拟国际会议或文化交流活动等项目中，学生不

---

① 杜威. 我们怎样思维·经验与教育 ［M］. 姜文闵，译. 北京：人民教育出版社，
2005：66.

② 诺尔-塞蒂纳. 制造知识：建构主义与科学的与境性 ［M］. 王善博，等译. 北京：东
方出版社，2001：40.

仅学习了语言，还了解了社会、科学和文化知识。教师还可以创设真实或仿真的情境让学生进行角色扮演，例如，在商场购物、在餐厅点餐、在机场办理登机手续等。通过情景对话，学生不仅可以练习语言表达，还学会应对实际生活中的交际挑战。此外，还可以与历史、地理、科学等学科合作开展跨学科实践，使学生不仅提高语言能力，还拓展知识面，增强综合素养。英语学科实践的特点是强调学生的主动参与和实践操作，使英语学习不再是单纯的语言学习，而是真正融入学生的生活和实践。在英语教学中，基于真实情境的学科实践可以帮助学生更好地理解和掌握所学内容，并将其应用到实际生活中，既能提升学生的英语语言能力，还能培养他们的高阶认知能力和反省性思维。通过英语学科实践，学生不仅可以在英语学习上取得进步，还可以在实际生活中更好地应对各种挑战。

（二）强调知行合一

语言学习的知行合一理念强调了认识与行动不可分割的重要性。理论哲学往往将认识的对象视为固定不变的，认为求知者只是一个旁观者，忽视了实践活动在认识过程中的重要性。与此相对，实践哲学则主张将行动置于认识过程的核心位置，认为知识是在与世界的互动过程中获得的，求知者是一个主动的参与者，而非被动的旁观者。当代科学实践哲学进一步发展了这一理念，认为科学知识并不是通过简单的逻辑演绎建构起来的，而是通过积极的实践活动生成的。这意味着科学知识的生产和应用都离不开对世界的积极介入和创意实践。科学研究的过程本质上是一个探索和发现的过程，研究者通过实验、观察和与自然的互动，不断地获得新知，从而推动科学的进步。

传统的英语教学模式往往以教师为中心，将学习局限在记忆和训练上，学生被动地接受信息。教师讲解语法规则、词汇和句型，学生则像容器一样被灌输外语知识，通过反复的背诵和练习来记忆这些内容。虽然这种方式可以在短时间内提高学生的考试成绩，但缺乏实际应用的机会，学生在真实情境中使用英语时常常感到无所适从。这种以记忆为主的教学模式忽视了语言的实际交流功能，导致学生在离开课堂后难以将所学知识灵活地运用到实际生活中。

《义务教育课程方案（2022年版）》倡导"做中学""用中学""创中学"①，强调在行动中学习。英语学科实践强调语言学习的知行合一，要求学生从被动接受语言文化知识转变为对知识的运用、建构与创造，通过英语学科活动体验和实践运用获得真知，打破传统静态的英语学习方式，以实际操作和运用促进英语知识的学习，实现学以致用。在"做中学"的过程中，学生通过参与各种实际活动，如模拟购物、外出旅游、社区采访等，体验真实的英语使用情境。这种体验式学习让学生在实践中巩固所学知识，并在实际操作中发现和解决问题，从而提高他们的英语运用能力。"用中学"强调在实际生活中运用所学知识，鼓励学生在日常生活中多用英语交流，逐步形成用英语思考和表达的习惯。而"创中学"则提倡通过创意和创新活动，如编写英语短剧、制作英语演示文稿、参与英语辩论等，激发学生的创造力和语言表达能力。

英语学习的最终目的是交流和沟通，而不仅仅是通过考试，英语学科实践的重要性尤为突出。通过学科实践活动，学生可以在真实或

---

①　中华人民共和国教育部. 义务教育课程方案（2022年版）［M］. 北京：北京师范大学出版社，2022：5.

模拟的环境中使用英语，从而加深对这一语言的理解和掌握。譬如，通过角色扮演、讨论、项目合作等方式，学生可以在实际交流中运用所学知识，提升语言运用能力和信心。在英语学科实践中，学生不仅是知识的接收者，更是知识的探索者和创造者，他们可以通过亲身参与和体验，主动探索和建构知识。譬如，在英语戏剧表演中，学生需要理解角色、编写台词、排练和表演，通过这些活动，他们不仅提高了英语表达能力，还培养了团队合作和解决问题的能力。同样，通过参与英语辩论赛，学生可以锻炼逻辑思维和表达能力，提高分析和解决复杂问题的能力。英语学科实践还可以激发学生的学习兴趣。相比于枯燥的背诵和练习，实践活动更加生动有趣，能够引起学生的学习兴趣。譬如，通过参加英语文化节、英语角活动、英语夏令营等，学生可以在轻松愉快的氛围中学习英语，体验不同文化，增强跨文化交际能力。在实践中学习的方式可以让学生在不知不觉中掌握知识，提升语言能力。

英语学科实践的意义在于通过实际操作和运用，打破传统静态的英语学习方式，实现学以致用。在这种学习模式下，学生不仅可以提高语言运用能力，还可以激发学习兴趣，培养综合素质。通过英语学科实践，学生可以真正实现从"知"到"行"的转变，成为知识的主动探索者和创造者。在英语教学中应更多地融入实践活动，注重学生实际运用能力和综合素质的培养，帮助他们在全球化背景下更好地应对各种挑战。

（三）强调身心融合

学科实践强调身体与心智的融合，其具身性主要表现在重视体验学习、意会认知和情感关切。① 英语学科实践的具身性强调将语言知识与学生个体经验、信念、态度、价值观相结合，通过具身性活动强化语言体验学习，重视意会认知在学习中的作用，并关注情感关切在学习过程中的重要性。

1. 重视体验学习

英语学科实践重视体验学习，这是因为体验学习不仅能够增强学生的语言能力，还能够培养他们的综合素质。在英语学习中，传统的教学方式往往以教师讲授为主，学生被动接受知识，缺乏实践的机会和主动参与的热情。虽然这种方式能够在一定程度上帮助学生掌握语言基础知识，但无法有效提高他们的实际应用能力。"如果没有体验，科学符号就无任何意义。"② 体验学习是一种以学生为中心的教学模式，通过让学生亲身参与各种活动，主动探索和发现知识，从而提高学习效果。在英语学科实践中，体验学习可以通过角色扮演、情景模拟、项目活动等多种形式来实现。这些方法不仅能够激发学生的学习兴趣，还能够培养他们的沟通能力、团队合作能力和解决问题的能力。角色扮演是一种常见的体验学习方法，通过让学生扮演不同的角色，模拟真实的语言交流情境，帮助他们提高口语表达能力。在角色扮演中，学生不仅需要运用所学的语言知识，还需要结合具体情境进行思考和表达，这有助于他们在实际生活中更加自如地运用英语。情景模拟是通过设置特定的场景，让学生在其中进行交流和互动，这种方法可以让学生在逼真的环境中练习语言，提高他们的应变能力和表达能

---

① 苏鸿. 学科实践：时代内涵与现实追求［J］. 课程·教材·教法，2023（4）：28-33.
② 梅洛-庞蒂. 知觉现象学［M］. 姜志辉，译. 北京：商务印书馆，2001：3.

力。项目活动通过让学生参与具体的项目，帮助他们在实践中运用和巩固所学知识。譬如，可以让学生组成小组，合作完成一个英语演讲、制作一份英语报纸或设计一项英语调查活动。这些项目不仅能够培养学生的团队合作精神，还能够提高他们的组织能力和创新思维。体验学习不仅重视学生的语言能力，还重视他们综合素质的培养。在英语学科实践中，体验学习有助于学生的全面发展和综合素质的提高。例如，通过参与各种体验活动，学生不仅可以增强自信心，提高沟通能力和团队合作能力，还可以培养批判性思维和解决问题的能力。此外，体验学习还能够培养学生的跨文化交际能力，帮助他们更好地理解和尊重不同文化，拓宽他们的全球视野。

2. 重视意会认知

波兰尼认为，"明言认知"是我们能够用逻辑语言明确阐述的知识，但是我们所知道的比我们能够说出来的更多，而且正是这些以直觉、洞察等为特点的缄默的"意会认知"限定了我们认识的框架和方向。[①] 波兰尼的理论揭示了人类认知的一个重要方面，即我们在许多情况下通过一种难以言表的方式来理解和处理信息。我们可能无法用语言准确描述我们所知道的一切，但我们仍然能够凭借这些隐性知识做出有效决策。这种认知模式不仅在日常生活中普遍存在，而且在专业实践中具有重要意义。舍恩指出，专业实践面对的往往是复杂、不确定、不稳定、独特和有价值冲突的情境，专业人员不是简单地运用知识来解决专业问题，而是通过类比、直觉和洞察建构行动的方案。[②]

[①] 波兰尼. 认知与存在 [M]. 李白鹤, 译. 南京：南京大学出版社, 2017：135.
[②] 舍恩. 反映的实践者 [M]. 夏林清, 译. 北京：教育科学出版社, 2007：11.

舍恩的观点强调了在实践中灵活应用知识的重要性。专业人员在应对复杂问题时，不能仅依靠明言认知，而是需要依赖其意会认知，通过不断反思和调整来找到最佳解决方案。这种能力通过长期的实践和经验积累形成，而无法单纯地通过理论学习获得。

波兰尼和舍恩的观点对英语学科实践的启示在于，英语教育不仅要传授明言知识，更要注重培养学生的意会认知和实践能力。通过多样化的教学方法和情境创设，学生能够在实践中不断反思和调整自己的认知框架，逐步形成有效的学习策略和解决问题的能力。这种综合素质的培养对于学生未来的个人发展和职业生涯有着重要的意义。因此，英语学科实践应重视意会认知，强调二语习得的情境创设，使学习者在探究性的英语学科实践中生成意会性的英语语言文化知识。学科实践不仅关注学生对英语语言规则的掌握，还重视他们在实际情境中运用英语的能力。通过模拟真实的语言环境，学生能够在互动和探究中发展他们的意会认知，从而提升对英语文化的深层理解。学科实践能够激发学生的主动性和创造力，使他们不仅能运用英语进行交流，还能更深入地理解和体验英语文化。传统的语言学习方法往往侧重语法规则和词汇的机械记忆，学生虽然能够在考试中取得高分，但在实际交流中常常感到无所适从。而意会认知则强调学生在真实语境中的语言应用，通过模拟真实的语言环境，学生在具体情境中使用英语，逐渐培养语感和语言能力。在课堂上，教师可以设置各种情景对话、小组讨论、角色扮演等活动，让学生在互动中练习语言，这不仅提高了学生的学习兴趣，也增强了他们的实际运用能力。除此之外，意会认知还注重学生的主动参与和自主学习。在意会认知的英语学科实践中，学生不再是被动接受知识的"容器"，而是积极参与学习过程的

"主体"。教师的角色也从知识的传授者转变为学习的引导者和帮助者。学生在学习中通过探索、体验、反思，不断加深对语言的理解。譬如，学生可以通过阅读英语原版书籍、观看英语原声电影、参加英语角活动等，自主提高语言水平。这种自主学习的方式不仅培养了学生的学习能力，也激发了他们的学习热情。

意会认知理论认为个人知识只是对科学知识性质的一种表达，强调知识的个人性、意会性和信念性。① 每个学生都有不同的兴趣、背景和学习方式，学科实践通过多样化的教学手段，满足不同学生的个性化学习需求。譬如，对于喜欢听音乐的学生，可以通过英语歌曲的学习来提高他们的听力和词汇量；对于喜欢运动的学生，可以通过体育活动中的英语交流来提高他们的口语能力。个性化的学习方式不仅提高了学习效率，也让学生在学习过程中获得更多的成就感和满足感。在全球化背景下，英语不仅是一种交流工具，更是了解和融入不同文化的重要桥梁。学生在学习语言的同时，需要通过学科实践了解使用英语语种国家的文化习俗、社会现状和价值观念。譬如，通过阅读英语文学作品，学生可以感受不同历史时期的社会风貌和人文精神；通过参加国际交流活动，学生可以直接体验不同文化的魅力。跨文化的学习经历不仅拓宽了学生的国际视野，也培养了他们对中华文化的自信以及对多元文化的包容。

3. 重视情感关切

英语学科实践不仅仅是知识传授的过程，更是情感和信念相融合

---

① 王一军. 大学个人知识：超越"高深学问"的学习向度 [J]. 清华大学教育研究，2019（5）：61-68.

的过程。波兰尼认为，情感和信念内在于科学认知的过程，并具有定向的功能。[①] 在传授和学习英语语言文化知识的过程中，如果没有和个体的情感、信念深度融合，往往难以生成有生命力的个人化知识。在英语学科实践中，情感和信念并不是孤立存在的，而是深深嵌入在认知活动中的。学生学习英语既是在掌握一项语言技能，也是在体验一种文化，感受一种情感。如果这种体验和感受能够激发他们内心深处的共鸣，则学习会变得更加生动和有意义。

在英语学习中，情感因素起着至关重要的作用。如果学生阅读一篇英语文学作品时能够感受到作者的情感，体会到文字背后的深意，那么他们对这篇作品的理解和记忆将会更加深刻；相反，如果学习仅仅停留在字面上的理解和机械记忆，那么学生很容易感到枯燥，学习效果也会大打折扣。情感关切不仅能够增强学生的记忆和理解能力，还能够提高学习的兴趣，在实际教学中，教师可以通过多种方式来激发学生的情感共鸣。教师可以通过生动的讲解和形象的比喻，将抽象的语言知识具象化，让学生在理解的过程中产生情感上的共鸣。同时，教师还可以通过组织各种情境模拟和角色扮演活动，让学生在实际的语言运用中体会到不同的情感，进而加深对语言知识的理解和记忆。

个体的信念也是影响英语学习效果的重要因素。每个学生在学习过程中都有自己的信念和价值观，这在很大程度上影响着他们的英语学习态度和行为。如果教师能够了解学生的信念和价值观，并在英语教学中有意识地与之结合，那么学生的学习积极性将会大大提高。教师可以引导学生讨论一些与生活密切相关的话题来激发他们的兴趣和

---

① 波兰尼. 个人知识：迈向后批判哲学 [M]. 许泽民，译. 贵阳：贵州人民出版社，2000：203.

共鸣，从而使语言学习变得更加有趣和有意义。英语学科实践只有和个体的情感、信念深度融合，才能生成有生命力的个人化知识。英语学习中的个人化知识既是一种语言技能，也是一种内在的情感体验和文化理解。当学生能够在学习中感受到情感的共鸣和信念的支持时，他们将会更加热爱这门学科，并且能够在学习中获得更大的满足感和成就感。教师在教学中应注重情感的引导和信念的培养，帮助学生树立积极的学习态度和形成正确的价值观，使他们能够在英语语言学习中不断成长和进步。

二、提升学生的英语学科核心素养

学科实践作为发展学科核心素养的必要条件以及化知识为素养的中介，只有将知识加以运用或实践，才有可能发展学生的学科核心素养，使学科具有育人价值。① 英语学科实践不仅能提高学生的听、说、读、写等语言能力，还能培养其文化意识、思维品质和学习能力等综合素质。通过学科实践，学生能够在具体情境中体验、感悟、运用所学英语语言知识，逐步形成和发展自己的核心素养，凸显英语学科的育人价值。

（一）提升学生的综合语言能力

英语学科实践通过在真实情境中的亲身体验，帮助学生在具体活动中获取和建构新知识，使之转化为能力，形成素养。其核心要义在

---

① 陆卓涛. 学科实践的内涵、价值与实现路径［J］. 课程·教材·教法，2022（9）：73-78.

于"做中学"，通过英语学科实践活动和系统性探究，扩充知识储备和激发学习兴趣，建构从核心概念到知识点的一整套知识体系，提升综合语言能力，解决语言知识教学割裂化的问题。英语学科实践的有效性首先体现在其真实情境中的亲身体验。传统的英语教学往往局限于课堂和课本，学生的学习内容和实际应用之间脱节。英语学科实践通过真实情境将学生带入真实的语言环境，使其运用和练习所学知识。譬如，组织学生进行模拟的购物活动、角色扮演的对话练习或参与国际交流项目，这些实践活动不仅能够使学生在真实情境中运用语言，还能够让他们感受到语言学习的实际价值和乐趣。英语学科实践通过具体活动帮助学生获取和建构新知识，学生在实践活动中不是被动地接受知识，而是主动地参与知识的建构。例如，在进行一个有关环境保护的项目时，学生不仅需要查阅和理解相关的英语资料，还需要通过小组讨论、演讲汇报等形式将所学知识进行内化和重组。在这个过程中，学生不仅学到了新的语言知识，还培养了批判性思维和合作能力。此外，英语学科实践还注重能力的转化和素养的形成。语言学习不仅是掌握词汇和语法，更重要的是能够在不同情境中灵活运用所学知识。例如，参加模拟国际交流会议，学生需要用英语进行辩论和发言，这不仅考验他们的语言表达能力，还需要他们能够快速理解和回应与会人员的观点。这种能力的转化和素养的形成使学生既在语言学习上有所进步，也在综合素质上得到提升。在英语学科实践中，"做中学"是其核心要义。传统的教学模式往往是教师讲、学生听，而"做中学"强调学生的主动参与和实践。在实际操作中，教师需要精心设计各种实践活动，让学生在做中学、在学中做。例如，通过项目式学习，学生可以围绕一个主题进行深入探究，从而在实践中不断学习和提升。这种学习方式既能激发学生的学习兴趣，也能让他们在实践中不断反思和改进，形成良好的学习习惯和思维方式。

英语学科实践活动的设计和系统性探究是其成功的关键。教师在设计实践活动时，需要充分考虑学生的兴趣和实际需求，确保活动的趣味性和实用性。例如，教师可以通过组织英语戏剧表演、英语演讲比赛或英语辩论赛等活动，让学生在轻松愉快的氛围中进行语言学习。同时，通过系统性探究，教师可以帮助学生建立起从核心概念到知识点的一整套知识体系。在学习某个主题时，教师可以引导学生进行深入探究，帮助他们理解该主题的核心概念和相关知识点，从而形成系统的知识体系。英语学科实践还能够有效提升学生的综合语言能力。在实践活动中，学生需要进行听、说、读、写等多方面的训练，从而全面提升他们的语言能力。例如，通过组织英语角活动，学生可以与外籍教师或其他学生进行英语口语交流，从而提高他们的听说能力；通过阅读英语原版书籍，学生可以提高阅读能力和扩充词汇量；通过写英语作文或英语日志，学生可以提高写作能力。在这些多样化的实践活动中，学生的综合语言能力得到了全面提升。此外，英语学科实践能够解决语言知识教学割裂化的问题。传统的英语教学往往将词汇、语法、阅读等知识点分开教授，学生在学习过程中难以将这些知识点进行整合和应用。而通过英语学科实践，学生可以在真实情境中将这些知识点进行综合运用，从而解决教学割裂化的问题。例如，在进行一个项目式学习时，学生需要在查阅资料、撰写报告、进行演讲等环节中综合运用词汇、语法、阅读等知识，从而实现知识的整合和应用。

学科实践教学模式不仅能够提高学生的英语水平，还能够培养他们的综合素质和能力，为他们的未来发展奠定坚实基础。

（二）增强学生的文化意识

1. 建构学生的跨文化认知

英语学科实践不仅能促进学生语言技能的提升，也能促进学生文化意识的生成。文化意识指对中外文化的理解和对优秀文化的鉴赏，是学生在新时代表现出的跨文化认知、态度和行为选择。① 随着全球化进程的不断深入，培养学生的文化意识变得尤为重要，而英语学科实践是增强学生文化意识的重要路径。教师要有意识地提炼教学主题，并深入剖析其中蕴含的文化元素，进而引导学生领悟语言背后的文化意蕴。这不仅可以丰富学生的语言知识，还可以让他们在学习过程中体会到文化的多样性和丰富性。教师可以通过具体的教学设计和教学活动，让学生在真实的语言情境中进行文化体验，从而达到语言学习与文化涵养的双重目标。例如，以中国传统节日中秋节为主题，教师可以创设一个与外国友人"欢庆中秋"的情境。在这个情境中，学生不仅要用英语交流和描述中秋节的习俗和传统，还要通过各种互动活动，如角色扮演、故事讲述、诗歌朗诵等，深刻体验中秋节的文化内涵。在这样的活动中，学生不仅学习了与中秋节相关的英语词汇和表达，还通过亲身参与，感受到了中秋节所蕴含的团圆、感恩、思念等深层次的文化情感。体验式学习有助于学生在实践中理解和内化文化知识，进而提升他们的文化素养和跨文化交际能力。

教师还可以通过对比中西方文化差异的方式来进行英语学科的文

---

① 中华人民共和国教育部. 义务教育英语课程标准（2022 年版）［S］. 北京：北京师范大学出版社，2022：5.

化教学。例如，教师可以选择一些具有代表性的西方节日，如圣诞节、感恩节等，与中国的传统节日进行对比。这样不仅能够使学生了解不同文化的特点和价值观，还能够培养他们对不同文化的包容和理解。在实际教学过程中，教师可以利用多媒体课件、实物展示、文化讲座等多种教学资源和手段丰富教学内容和形式。例如，在讲解圣诞节时，教师可以播放圣诞节的相关视频，让学生观看西方国家的圣诞节庆祝活动，了解圣诞节的起源、习俗和文化意义。同时，教师还可以引导学生进行讨论和交流，让他们分享对不同文化的看法和感受，通过互动来增强学生的文化意识。教师在设计英语文化教学活动时可以结合学生的兴趣和生活实际，选择贴近学生生活的文化主题。例如，教师在讲解感恩节时可以让学生写一封感恩信，表达对家人、朋友或老师的感谢之情。这不仅能让学生练习英语写作，还能让他们在表达感恩的过程中，体会到感恩节的文化内涵。通过这种情感体验，学生对感恩节的理解就不会只停留在知识层面，而是深深植根心中。英语学科实践不仅培养学生的语言能力，更重要的是通过文化教学提升学生的文化素养和跨文化交际能力。教师在教学过程中应注重文化元素的提炼和分析，通过创设真实的语言情境，让学生在实际体验中感受和理解不同文化的内涵，从而实现文化意识的增强，为他们未来的跨文化交际和全球化生存打下基础。

2. 坚定学生的文化自信

英语作为一种全球通用语言，其学习过程本身就是一种跨文化交流的体验。在这个过程中，学生不仅学习语言的结构和用法，还接触到英美文化的方方面面，单纯的英语语言教学容易让学生忽略自身文化的独特性和价值。因此，在英语教学中融入中华文化元素能够让学生在学习外语的同时，牢记本民族的文化根基。譬如，教师可以在英语课上介绍中国传统节日、历史人物和文学作品，让学生通过英语重新认识和理解这些中华文化的精华。教师在设计英语学科实践活动时可以有意识地提炼和突出中华文化元素，使学生在学习语言的同时感受到文化的力量。例如，在讲解英语词汇和句型时，教师可以选取与中国文化相关的词汇和句子，如"Dragon Boat Festival"（端午节）、"Confucius"（孔子）、"the Great Wall"（长城）等，让学生在学习语言知识的过程中自然而然地接触中华文化。此外，教师还可以通过设置与中华文化相关的情景对话和角色扮演，让学生在真实语言环境中感受中华文化的氛围。例如，在模拟购物情景对话中，教师可以引入中国传统手工艺品的介绍，让学生在运用英语进行交流的同时，了解中国传统文化的魅力。

通过创设真实的语言情境，教师能够有效地强化学生的文化体验，提升他们的文化意识。语言的学习不仅仅是词汇和语法的掌握，更重要的是在实际情境中对语言的应用。教师可以设计各种与中华文化相关的真实情境，如模拟国际文化交流活动、中国文化展览会、外国游客来华参观等。在这些情境中，学生需要运用英语与他人进行沟通和交流，同时向他人介绍和展示中华文化。这不仅锻炼了他们的语言应用能力，更让他们在实际操作中深刻体会到中华文化的丰富多样和独特魅力。在模拟国际文化交流活动中，学生可以用英语介绍中国的茶文化、传统节日、京剧等，让外国朋友了解和感受到中华文化的独特魅力。通过这种方式，学生不仅提高了英语表达能力，还增强了对中华文化的自豪感和认同感。此外，教师还可以通过组织文化体验活动，如参观博物馆、参加文化节、观看传统戏剧表演等，让学生在实际生活中，亲身体验和感受中华文化的魅力。例如，组织学生参观中国历史博物馆，让他们在参观过程中用英语记录和描述自己的所见所闻，然后在课堂上用英语进行分享和讨论。这种将课外实践与课堂学习相结合的方式，不仅丰富了学生的文化知识，也增强了他们的文化认同感和自豪感。

在全球化时代，文化意识的培养是外语教育的重要任务。英语学科实践既是语言技能培养的过程，也是文化交流桥梁搭建的过程。通过在英语教学中融入中华文化元素，可以促进学生对中华文化的理解和对优秀文化的认同，使其成为具有全球视野和文化自信的新时代人才。通过学科实践，学生在学习英语的过程中既拓展了国际视野，也增强了对中华文化的理解和认同，实现了在全球化背景下传承和发扬中华优秀传统文化。

（三）塑造学生的思维品质

在英语学科实践中，学生通过团队合作解决复杂问题，并在此过程中，促进了批判性、创造性和逻辑思维能力的发展。首先，英语学科实践活动能够有效培养学生的创造性思维。在英语课堂和课外活动中，教师通过小组讨论、角色扮演、项目研究等各种形式的活动，引导学生集思广益，提出各种创新的想法和解决方案。譬如，在一个关于环境保护的英语项目中，学生需要合作完成一份详细的环保计划。在这一过程中，他们不仅需要运用英语交流和表达，还需要运用创造性思维来提出新颖、可行的环保措施。这种实践活动不仅增强了学生的语言能力，还培养了他们的创新意识和解决实际问题的能力。其次，深入思考问题可以有效提高学生的思维深度。在英语学科实践中，教师可以设计一些具有挑战性的问题，要求学生进行深入的思考和探讨。例如，在阅读一篇复杂的英语文章时，教师可以提出一些开放性的问题，要求学生从不同角度进行分析和思考。这种方法不仅锻炼了学生的英语阅读和理解能力，还提升了他们思维的深度，让他们学会多角度、多层次去看待和解决问题。

分析和讨论是英语学科实践中的常见环节，可以促进学生逻辑思维的发展。在小组讨论或辩论中，学生需要运用逻辑思维进行分析和推理，并用英语清晰地表达自己的观点和理由。譬如，在一场关于社会热点问题的辩论赛中，学生不仅需要运用英语进行辩论，还需要用逻辑推理来支持自己的观点。这种训练不仅提高了学生的英语表达能力，也锻炼了他们的逻辑思维能力，使他们在面对复杂问题时能够更加理性和有条理地进行分析和解决。批判性思维也是英语学科实践中重点培养的能力之一，通过发现新问题和对已有问题的批判性分析，学生能够不断提升思维品质。在英语学习中，教师可以通过设置一些开放性的问题鼓励学生质疑并进行批判性思考。例如，在学习一篇关于科技进步的文章时，教师可以引导学生思考科技进步带来的利弊，从而培养他们的批判性思维能力。

英语学科实践对教师提出了更高的要求，教师需要在教学过程中不断探索和应用新的教学方法，以培养学生的思维能力。譬如，教师可以通过项目式学习、合作学习、探究式学习等多种教学方法，让学生在英语学科实践中不断提高思维能力。在这个过程中，教师不仅是知识的传授者，更是学生思维品质的培养者和支持者。总的来说，英语学科实践能够通过多种方式有效提升学生的高阶思维能力和综合素质。在学科实践活动中，学生不仅提高了英语语言能力，还培养了创造性思维、批判性思维、逻辑性思维等多方面的思维品质。这些思维品质的培养不仅有助于学生在英语学科中的学习，也为他们今后的学习和生活打下基础。在英语教学中，教师应注重实践活动的设计和实施，通过多种方式培养学生的思维能力，使他们的思维品质在英语学习中得到全面的发展和提升。

（四）提高学生的学习能力

英语学科实践是提升学生学习能力的重要途径，通过参与各种实践活动，学生多方面的能力能够得到锻炼。信息搜集能力在英语学科实践中尤为重要，学生需要通过阅读、网络搜索等途径，获取与主题相关的信息。在这一过程中，他们不仅提高了英语阅读理解能力，还学会了如何筛选信息和评估信息的可信度。规划设计能力也在英语学科实践中得到强化，学生在完成任务前需要制订详细的计划，包括时间安排、任务分配、资源利用等，这不仅培养了他们的组织能力和时间管理能力，还让他们在实际操作中学会了如何应对突发状况并调整计划。语言运用是英语学科实践的重要方面，通过撰写报告、制作演示文稿、进行口头汇报等方式，学生能够将所学知识应用于实际情境中，这不仅提高了他们的写作和口语表达能力，还增强了他们的自信心，使他们在真实的交流场合中更加游刃有余。自主学习能力在英语学科实践中也得到了显著提升，学生在完成任务的过程中，需要主动探索、独立思考，从而解决遇到的问题，他们不仅学会了如何利用图书馆、互联网等各种学习资源，而且还培养了自主学习的习惯和能力，这种能力的培养对他们未来的学习和生活都具有深远的影响。合作实践是英语学科实践的另一个重要方面，许多任务需要学生分组完成，这就要求他们学会与他人合作，共同解决问题。通过合作，他们不仅学会了如何有效地与他人沟通，还理解了团队合作的重要性，培养了团队精神和协作能力。

在英语学科实践中，教师发挥着至关重要的作用。教师通过全过程评价的方式了解学生在各个环节的表现，及时发现问题并调整教学策略。全过程评价不仅包括对学生最终成果的评价，还包括对他们在信息搜集、规划设计、语言运用、自主学习和合作实践等过程中的表现进行评价。全面的评价方式有助于教师更全面地了解学生的学习情况，从而有针对性地改进教学方法。通过这种反馈机制，教师可以不断优化教学策略，使之更符合学生的实际需求，以促进学生核心素养的发展。例如，针对信息搜集能力较弱的学生，教师可以提供更多的信息搜集技巧和资源利用方法；针对规划设计能力不足的学生，教师可以引导他们进行更加详细的计划和时间管理。

英语学科实践的价值不仅在于提高学生的英语水平，更在于通过实践活动全面提升学生的综合学习能力。通过信息搜集、规划设计、语言运用、自主学习、合作实践等能力的锻炼，学生的综合素养会得到显著提升，这不仅体现在学科知识的掌握上，更体现在学习方法和思维能力的进步上。英语学科实践强调学生的主动参与，通过英语学科实践，学生既在英语学习方面取得了进步，也在综合能力方面得到了全面发展。通过全过程评价，教师能够更好地了解学生的学习情况，调整教学策略，提升教学效果。

第三章　英语学科实践的理论基础

本章阐述英语学科实践的理论基础，基于马克思主义实践哲学、中国哲学"知行合一"理念、境脉学习理论等相关内容，通过厘清英语学科实践的体验性、主体性、具身性、指向性、动态性等特性，为研究基于学生核心素养的初中英语学科实践奠定理论基础。

第一节　马克思主义实践哲学

一、语言习得的体验性考量

（一）语言是实践活动的产物

马克思主义语言观强调，语言是社会各群体开展社会实践活动的产物，离开了社会群体以及社会实践的这种辩证关系，语言是不可能凭空产生和自主进化的。这一观点揭示了语言与社会实践之间不可分割的联系，语言不仅是人类交流的工具，更是社会历史发展的见证。首先，语言的产生和发展深深植根于社会实践。人类的任何一种语言都不是孤立存在的，而是在特定的社会环境和历史背景下形成的。古代社会的语言发展往往与当时的生产方式、社会结构密切相关。在原始社会，语言的最初形式可能是简单的声音和手势，随着社会的发展，特别是农业和手工业的出现，人们的交往范围扩大，交流需求增加，语言也随之变得复杂和丰富。不同社会群体的实践活动，如农业生产、手工业生产、贸易往来等，推动了语言的不断演化和完善。每一种新技术的出现，每一种新的社会关系的建立，都在语言中留下了印记。其次，语言是社会群体集体智慧的结晶。一个社会群体的语言反映了这个群体的文化、传统、世界观和价值观。语言不仅仅是符号的集合，更是人们思想和情感的载体。不同文化背景下的语言在词汇、语法、语义等方面存在显著差异，这些差异反映了不同社会群体对世界的不同理解和认知。人们可以通过语言传递知识、交流经验、表达情感，进而形成共同的认知和价值体系。语言起到了凝聚社会群体的作用，使个体成为群体的一部分，从而形成稳定的社会结构。语言的进化离不开社会实践的推动。人们在生产、生活和社会交往中进行的各种活动既是物质生产的过程，也是社会关系的建立和发展的过程。作为一种重要的交往工具，语言在这个过程中始终发挥着不可替代的作用。语言的发展和变化与社会实践密切相关，社会实践的发展促使语言不断丰富和完善，同时语言的发展又反作用于社会实践，促进社会实践的进步和发展。例如，科技的进步带来了大量新词汇，这些新词汇不仅丰富了语言的表达功能，也推动了科技交流和传播，进而促进了科技的发展。

（二）语言是在实践基础上形成的符号系统

马克思和恩格斯认为："语言是一种实践的、既为别人存在因而也为我自身而存在的、现实的意识。语言也和意识一样，只是由于需要，由于和他人交往的迫切需要才产生的"①。因此，"语言是在实践基础上形成的符号系统，体现为一种社会性的交往活动。语言是思想的直接现实，是人的社会化的重要途径，学习和使用语言的过程就是人的社会化的过程，语言的社会性和人的社会化密不可分。"②③

作为符号系统，语言是在人类实践活动中逐步形成和发展起来的。在原始社会，人类在共同劳动、狩猎、采集的过程中通过手势、声音等符号进行简单的交流，逐渐发展出了系统的语言。语言既是人类表达思想和情感的工具，也是人类社会活动的重要组成部分。没有语言的交流，人类的协作、经验的传递和知识的积累都将变得极为困难。语言的社会性体现在它是人类进行社会交往的主要手段。人们通过语言进行信息传递、思想交流、情感表达，从而建立起各种社会关系。工作中的同事交流以及社会活动中的互动交往都离不开语言，语言不仅传递信息，还在无形中增强了人们的社会认同感和群体归属感。在一个社会群体中，共同的语言和语言习惯往往成为群体成员之间相互认同和信任的重要基础。人的思想只有通过语言的符号系统才能得以具体表达。如果没有语言，人类的思想将无法外化和传播。语言不仅是思想的载体，更在一定程度上塑造和限制着思想的内容和形式，不同的语言体系往往反映了不同文化背景下的人们对世界的理解和认识。

语言的社会性和人的社会化密不可分，体现了马克思和恩格斯对

---

① 中共中央马克思恩格斯列宁斯大林著作编译局. 马克思恩格斯选集：第一卷［M］. 北京：人民出版社，2012：161.

② 何远秀，杨炳钧. 韩礼德的马克思主义语言哲学观与方法论［J］. 东南学术，2014（5）：20-25.

③ 林克勤. 体认语言学的马克思主义实践观、人本观和历史观［J］. 外国语文，2022，38（4）：96-102.

人类社会生活本质的深刻洞见。语言不仅是人类重要的交流工具，更是人类社会存在和发展的基础。通过语言，人类得以记录和传承知识，进行复杂的社会互动，建立和维护社会秩序。语言不仅塑造了人类的思想和行为，也深刻影响了人类社会的发展方向和模式，语言的社会化过程实际上也是人的社会化过程。学生在学习英语的过程中，通过与教师和同学的互动实践，逐渐掌握英语语言文化。这一过程既是学生语言能力的获得过程，也是学生社会化的重要环节。通过学习语言，学生了解了使用英语语种国家的社会规范、价值观念和行为方式，拓展了国际视野。外语学习过程既是认知能力的发展过程，也是情感和社会技能的培养过程，通过学习和使用英语，学生逐渐成为一个国际化的人，能够参与各个领域的全球治理。

（三）语言源于交往的需要

语言是社会互动的产物，是人类在不断的交往和实践中逐渐形成和发展起来的，其起源和演变依赖个体的创造和使用，并且深深根植集体的交往需求和社会互动之中。无论是原始社会的简单符号交流，还是现代社会的复杂语言体系，语言的每一步发展都离不开人们在实际交往中的实践和运用。作为一种社会现象，语言是人类共同体在长期的生活、劳动和交往中逐渐形成的。语言不仅是表达思想和情感的工具，更是文化传承和社会结构的重要载体。在人类历史的长河中，语言从最初的简单符号逐步演变为复杂的语法结构和丰富的词汇体系，这一过程体现了人类社会化进程的不断深化。语言的产生和发展与人类社会的进步密不可分，语言的发展又促进了人类社会的进一步复杂化和精细化。人们能够通过语言传递信息、分享经验、表达情感和交流思想等，这些都为社会的进步和文化的繁荣奠定了基础。

语言的社会属性决定了它不仅仅是个人表达的工具，更是社会交往的媒介。每一种语言都承载着特定的文化和历史背景，反映出该社会的价值观、思维方式和生活习惯。因此，在社会化进程中，语言不仅起到沟通的作用，还在很大程度上影响着个体的认知方式和行为方式。通过语言，个体得以融入社会并学习社会规范和价值观，从而实现自我社会化。此外，语言的发展也受到社会结构和权力关系的影响。在不同的社会环境和历史时期，语言的形式和内容有所不同，语言的变化和演进往往是社会变革的反映和结果。例如，在科技迅猛发展的现代社会，新词汇和新表达层出不穷，反映了社会的快速变化和创新精神。而在封闭和保守的社会中，语言的发展可能相对缓慢，更注重传统和稳定。

语言作为人类社会交流的重要工具，并不是无缘无故地诞生的，它的产生和发展有着深刻的社会和心理背景。首先，语言的产生是为了满足人类彼此之间交流的需求。远古时期，人类为了生存，必须进行合作和分工，这就需要通过某种方式进行有效沟通。最初人们可能通过肢体语言、面部表情和简单的声音来传递信息，但随着社会的进步和需求的增加，简单的沟通方式已经无法满足复杂的交流需求，于是，语言作为一种更为精细和抽象的交流工具应运而生。其次，语言的产生也与人类意识的发展密不可分。语言不仅是传递信息的工具，更是表达思想、情感和意图的载体。当人类的意识逐渐觉醒，他们开始对周围的世界产生更加深刻和复杂的认识，这种认识需要通过语言来表达和传递。因此，语言的丰富和复杂程度与人类意识的发展程度表现为正相关。语言不仅帮助人类更好地理解和改造世界，也促进了人类社会的进步和文明的发展。

语言还具有社会属性，是人类社会互动的产物。"语言离不开社会交际犹如鱼儿离不开水一样。语言的社会性是建设中的马克思主义语言理论的第一块基石。"[1] 个体语言的形成和发展离不开社会环境的影响。在不同的社会和文化背景下，语言的形式和内容也有所不同。这种差异不仅体现了各个社会独特的文化特征，也反映出语言在社会互动中的重要作用，通过规范和约束人们的行为，语言促进了社会秩序的建立和维护。语言的产生和发展还体现了人类对沟通和理解的内在渴望。无论是古代的口头传承还是现代的书面交流，语言始终是人类情感交流和思想碰撞的重要工具。人们可以通过语言传递信息、分享经验、表达情感、探讨问题，从而加深彼此的理解和信任，正是这种沟通和理解的需要推动了语言的不断演变和进步。

（四）身体是语言的载体

体认语言学继承了马克思和恩格斯关于语言从社会实践中产生的题域逻辑，认为身体是语言的载体。只有通过人的身体，语言才得以出现和外溢，语言绝不能离开人体而单独存在。[2] 马克思和恩格斯在他们的著作中反复强调，语言作为人类重要的交际工具，源自人类的社会实践。语言并不是孤立存在的，而是在特定的社会背景和实践中产生、发展和变化的，体认语言学正是继承了这一思想，进一步提出

---

① 张冰.《马克思主义与语言哲学》是马克思主义的吗？［J］. 中国人民大学学报，2013，27（6）：123-129.

② 林克勤. 体认语言学的马克思主义实践观、人本观和历史观［J］. 外国语文，2022，38（4）：96-102.

了语言依赖于人体的理论。人体作为语言的载体，不仅提供了发音的生理基础，更是语言产生和使用的根本条件。语言的发音、听觉，甚至书写和手势，都是通过人体的各个部分完成的。声带的振动、舌头的运动、唇部的配合，这些复杂的生理活动共同构成了发音的过程。同时，听觉器官对声音的接收和处理，手部肌肉的运动以完成书写，这些都显示了语言与人体之间的紧密联系。没有人的身体，语言将无从谈起，语言的存在和发展离不开人体这一重要媒介。

从心理学的角度来看，语言的理解和产生与大脑的认知活动密切相关，大脑通过处理和存储语言信息，使得人们能够进行复杂的思维和交流，认知活动依赖于人体的生理结构和功能。体认语言学的观点反映了语言与认知之间的关系，进一步强调了人体在语言活动中的核心作用。从社会学的角度来看，语言不仅是个体表达思想和情感的工具，更是社会互动和文化传承的重要载体。语言的使用和变化受到社会环境和文化背景的影响，社会和文化因素通过人体的活动和交际行为体现出来，交流行为通过人体的各种感官和动作得以实现。因此，体认语言学的观点进一步揭示了语言与社会实践之间的互动关系。

在现代语言学的发展过程中，体认语言学的观点为我们提供了一个全新的视角，帮助我们更深入地理解语言的本质和功能。它不仅让我们认识到语言的社会属性和人体依赖性，还提醒我们在语言研究和教学中不能忽视语言与人体之间的关系。语言的学习和使用既是一个认知建构和文化习得的过程，也是一个生理和心理综合活动的过程。在语言教学中，教师既要关注学生的发音、听力和书写能力，也要考虑他们的认知和情感需求。

（五）人是语言的塑造者和发展者

人不仅是语言的承载者，更是语言的塑造者和发展者。雷科夫（George Lakoff）和约翰逊（Mark Johnson）认为，"具身不是实现，而是塑造"①。作为人类重要的交流工具，语言的产生和发展与人的身体密切相关，我们的感知、行动和情感都深刻地影响着我们所使用的语言。语言并不是独立于身体存在的抽象符号系统，而是与我们的身体经验紧密相连。我们通过身体的感知和动作来理解和使用语言，身体经验在语言的形成和理解中起到了至关重要的作用。在语言教学中，教师可以通过丰富学生的身体体验来促进语言学习，通过动作、游戏和互动活动让学生在具体的身体体验中掌握语言。

从具身认知理论出发，我们可以更好地理解语言与身体之间的关系。语言并不是独立于身体存在的一种抽象符号系统，而是深深植根我们身体的体验和互动之中。我们的身体感知、运动和行动方式直接影响着我们如何使用语言、理解语言和创造语言。另外，身体还在语言的创造和创新过程中扮演着关键角色，语言的发展不是静态的，而是一个动态的过程，身体的体验和互动不断为语言注入新的活力和带来新的变化。语言中的隐喻和比喻很多源于身体的体验，这些隐喻和比喻不仅丰富了语言的表达，还推动了语言的创新和发展。比如，我们常用"抓住机会"这个短语来形容把握住一个好的时机，这个短语的隐含意义就源于我们身体的抓握动作，通过这种具身体验的隐喻，我们能够更生动和形象地表达抽象的概念。

---

① LAKOFF G, JOHNSON M. Philosophy in the Flesh: The Embodied Mind and Its Challenge to Western Thought [M]. New York: Basic Books, 1999: 34.

语言的理解离不开身体的参与。在日常交流中，我们不仅通过言语来传递信息，还通过手势和面部表情等身体语言来辅助和加强言语的表达，身体语言和言语的互动使得我们的交流更加丰富和多维。例如，我们在说"Nice to meet you"时，往往会伴随着微笑和握手的动作，这些身体语言增强了言语的表达效果，使得交流更加生动和真实。语言的形塑不仅发生在个人层面，还包括社会和文化层面的互动。不同文化中身体的体验和互动方式不同，这导致了语言的差异和多样性。在一些文化中，身体的亲密接触是一种常见的表达友好的方式，而在另一些文化中，保持一定的身体距离则被视为礼貌。这些文化差异反映在语言中，使得不同文化的语言具有独特的表达方式和结构。身体的体验、感知和互动在语言生成、理解和发展的过程中起到了至关重要的作用，不同文化中的语言和表达方式往往反映了不同的身体经验和感知模式。通过理解身体在语言中的作用，我们可以更好地理解不同文化中的语言现象，促进跨文化交流和理解。

二、语言习得的主体性辨析

（一）语言活动由人作为主体发起

语言活动无疑是人作为主体发起的，语言既是沟通和表达的工具，也是人类思维和文化的重要组成部分。语言承载着人类的经验和智慧，其发展与人类文明息息相关。每一种语言都是人类智慧的结晶，是文化和历史的缩影。语言是人类认识世界和表达自我的重要方式，语言离不开人类的体验，每一个词、每一句话语都蕴含着丰富的经验和情感，这些都源于人类的生活体验。人们不仅通过语言表达自己的情感、思想和愿望，也通过语言来理解和感受他人的世界。语言是连接个体内心世界与外部世界的桥梁，使人类能够相互理解和交流。语言的使用和理解也离不开心智的作用，心智是人类理解和运用语言的基础，它不仅仅是语言能力的核心，也是人类认知和思维的根本。语言活动需要心智的参与，人类能够通过心智理解复杂的语义和语境，并进行抽象思维和逻辑推理。心智使得语言不仅是一种符号系统，而且是具有深刻意义和复杂功能的认知工具。马克思指出，"我们的出发点是从事实际活动的人"[①]。这一观点强调了人的主体性和能动性，认为人类不仅是物质生产的主体，也是精神生产的主体。语言作为人类精神生产的重要形式，也体现了这一点。马克思主义哲学认为，语言是人类社会活动的产物，反映了社会现实和历史发展，同时在社会发展中起着重要作用。语言既是交流和沟通的工具，也是思想和意识的载体，在社会生产和精神生产中发挥着不可替代的作用。语言活动是人类文化和历史的重要组成部分，是人类社会发展的重要推动力。

从马克思主义语言观的角度来看，语言的产生和发展与人的身体和心智息息相关。首先，语言的发声和接收离不开人的身体器官，例如声带、口腔、耳朵等生理结构，这些都是语言的物质基础。没有这些器官的协作，语言便无法实现其基本功能。这种生理基础既是语言存在的前提，也是语言演变和发展的动力。随着人类生理结构的进化，语言的表达方式也随之变得更加复杂和精细。其次，语言的创造和理解深深植根人的心智活动之中，人类的认知能力、思维模式和情感体

---

① 中共中央马克思恩格斯列宁斯大林著作编译局. 马克思恩格斯文集：第一卷［M］. 北京：人民出版社，2009：525.

验直接影响着语言的形成和使用。语言既是交流信息的工具，也是表达思想、情感和意图的载体，在这一过程中，人的心智起到了决定性的作用。正是由于人类心智的多样性和复杂性，语言才能表现出丰富多彩的特征，并在不同的文化和社会背景中展现出独特的风貌。语言与人不可分割的关系意味着语言的发展离不开人的实践活动，在社会实践中，人的经验和需求不断推动着语言的变革和创新，社会生产、生活方式和科技进步等因素不断影响和塑造着语言的面貌。语言不仅反映了社会现实，也在不断适应和回应社会的变化。语言不仅是个体的表达工具，也是社会意识形态的一部分，人们通过语言传递信息、价值观、信仰和意识形态。语言在社会交往中起到塑造和维护社会秩序的重要作用，在这一过程中，人的主体性表现得尤为突出，人们通过语言进行交流、协商和争论，从而形成和传播集体意识和社会规范。

（二）语言是人类身心共振的产物

马克思主义语言观认为语言是社会生活的反映，是人类社会实践活动的产物。体认语言学赓续了马克思主义语言观以人为主体的逻辑主线，指出语言是人类身心共振的产物。[1] 语言的产生离不开人类的感官和运动器官的参与，人类通过视觉、听觉、触觉等感官对外界进行感知，并通过肢体动作与外界进行互动，在这一过程中积累了大量的感性经验。这些经验经过人脑的认知加工和系统处理后，逐渐形成了抽象的语言符号和结构，体现了语言是人类身心共振的产物这一特点。语言的产生和发展离不开对客观现实的映射，人类在与外界的互

---

① 王寅. 体认语言学 ［M］. 北京：商务印书馆，2020：121.

动中通过感官获取大量的信息，这些信息是语言产生的基础。例如，当我们看到一棵树时，树的形态、颜色、大小等信息通过视觉传达到大脑，大脑对这些信息进行处理后，形成了"树"这个概念，并赋予了它对应的语言符号。语言的产生不是对客观现实的简单映射，还包含了主观的认知加工。在获取外界信息的过程中，由于每个人的感官敏锐度、认知能力、生活经验等不同，其对同一事物的感知和理解也有所不同。因此，语言的生成和使用不仅反映了对客观现实的映射，还融入了个体的主观认知和情感，这种主观的加工使得语言具有丰富的内涵和表达力。

体认语言学的观点对于理解语言的本质和发展规律具有重要意义。首先，它揭示了语言产生的深层机制，强调了感官和运动器官在语言生成中的重要作用。其次，它指出了语言的主观性，强调了个体在语言生成和使用中的主动性和创造性。最后，它揭示了语言是人类身心共振产物的特点，强调了语言既是交流的工具，也是人类思维和情感的载体。通过体认语言学的视角，我们可以更好地理解语言的生成和发展过程，从而在语言教育、语言研究等方面取得更大的突破。在英语教学中，教师可以通过增强学生的感官体验和互动实践，促进其语言能力的发展。在英语教育研究中，研究者可以通过考察个体在语言生成和使用中的主观加工过程，揭示语言的多样性和复杂性。

（三）语言生成是主体实践过程中具体语境化的重构

语言的生成并非抽象的、孤立的过程，而是具体的、现实的和具象化的，是主体实践过程中具体语境化的重构。[①] 这一观点强调了语言与实践之间的密切联系，认为语言是主体在具体实践过程中通过特定语境进行重构的产物。语言的具体性意指语言的产生和使用总是嵌入在特定的历史和社会条件中，语言不是凭空而来的，它总是反映着某一时空下的社会结构、权力关系和文化背景，不同社会阶层、群体和个体在特定情境下所使用的语言展现了他们的社会地位、身份和意识形态。语言的现实性意味着语言既是表达思想的工具，也是社会现实的一部分，语言在塑造社会现实的过程中扮演着重要角色，它不仅反映现实，还参与现实的建构。语言既可以用来维护现存的权力结构，也可以成为变革社会的重要工具。语言与意识形态密不可分，语言中蕴含的意识形态力量能够影响人们的思想和行为。语言的具象化即语言总是在具体实践过程中通过特定语境来体现其意义，语言的意义并不是固定的，而是在具体语境中不断生成和变化的。主体在特定语境中通过语言进行互动和交流，赋予语言以具体意义。同一句话在不同情境下可能具有截然不同的含义，这取决于当时的环境，以及参与者的身份和目的。语言的具象化过程是一个不断动态生成的过程，语言的意义总是在主体的社会实践中被重新建构和解读。主体不是被动接受语言和意义的存在物，而是在具体社会实践中积极参与语言和意义的生成过程。主体通过语言实践表达自身的思想和情感，在一定程度上塑造了自身的社会存在。主体在与他人的互动中通过语言构建了自我认知和社会关系，语言成为主体自我实现和社会互动的重要媒介。

　　语言既是传达信息的工具，也是表达思想、情感和文化认同的重

----

　　① 马援. 文化马克思主义语言哲学的新形式思想探讨［J］. 哲学动态，2019（9）：64-70.

要媒介。主体能动性在语言生成中的作用不仅体现为对语言符号的简单使用，也体现为对这些符号的深度解读和重新构建。主体在使用语言时，既是在重复已有的符号和规则，也是在不断地对这些符号进行创新和改造，赋予其新的意义。在这个过程中，主体的自我意识和能动性得到充分体现，语言成为主体表达个性和意图的独特方式。文化实践者既是语言的使用者，也是语言意义的创造者和解释者，通过对语言符号的理解和再创造，文化实践者能够在不同的历史和社会背景下赋予语言新的内涵和价值。这不仅反映了文化实践者对现实世界的认知和理解，也体现了他们对自身文化身份和社会角色的认识和定位。不同实践主体在语言生成中的自主性和能动性决定了语言的多样性和复杂性，每个主体都有其独特的生活经历、文化背景和思想观念，这些因素共同作用，形成了主体对语言符号的独特解读和使用方式。正是由于多样性的存在，语言才具备了丰富的表现力和深刻的意义，不再是单一的、固定的符号系统，而是一个充满活力和变化的意义网络。主体对语言符号的理解、定位和创造既是个体的认知活动，也是文化生产的一部分。通过对语言符号的创造性使用，主体不仅在表达自我，也在参与文化的建构和传播，语言成为连接个人与社会、历史与现实的桥梁，主体通过语言实现了自我意识的觉醒和能动性的发挥。

第二节　中国哲学"知行合一"理念

一、语言习得中的"知行合一"观

(一)语言习得中的知行相依

语言习得是一个复杂而多层次的过程，在这一过程中，知与行密不可分，互为起点和目的，共同推动语言能力的提高。朱熹认为："知行常相须，如目无足不行，足无目不见。"① 认知是语言学习的基础，实践则是语言运用的具体表现。认知不仅包括对语言的语法规则、词汇量的积累，以及语言结构的理解，还涵盖了对语言文化背景、语用规则的掌握，而这些认知的内容只有通过不断的实践，才能真正内化成为我们语言能力的一部分。语言的认知过程通常从听和读开始，通过与语言材料接触，学习者逐渐建立起对语言结构和用法的理解。听和读不是被动地输入的过程，而是积极的认知活动，学习者需要在听和读的过程中不断地分析、总结、归纳语言规则。这一过程需要学习者付出大量的时间和精力，需要反复的练习，才能形成牢固的认知记忆。单纯的认知积累不足以完全掌握一门语言，语言学习的最终目标是能够灵活运用所学语言进行交流，这就需要通过大量的实践来实现。实践包括说和写，是语言输出的过程。在这个过程中，学习者将所学知识应用到实际交流中，通过与他人的互动不断检验和提高自己

---

① 黎靖德. 朱子语类：第 1 册［M］. 北京：中华书局，2004：223.

的语言能力。说和写既是语言输出的表现，也是对语言认知的一种反馈和巩固。通过实践，学习者可以发现自己在语言认知中的不足并及时进行调整和改进，从而不断完善自己的语言能力。实践是一个不断积累经验的过程，只有在实际的语言运用中，学习者才能真正理解和掌握语言的精髓。

知与行在语言习得中的相互作用是一个动态的过程，认知为实践提供基础，而实践又反过来促进认知的深化，两者相辅相成，缺一不可。在语言学习中，学习者需要不断在认知和实践之间进行循环，通过反复练习和应用，将语言知识内化为语言能力。只有在知行合一的基础上，语言学习者才能真正掌握一门语言，实现语言习得的目标。语言习得中的知行相依既体现在个体的语言学习过程中，也体现在语言教学过程中。现代语言教学理论强调以学生为中心，注重学生的认知发展和实际应用能力的培养。在教学过程中，教师不仅要传授语言知识，还要创设各种实践机会，让学生在实际的语言运用中不断提高语言能力。通过小组讨论、角色扮演、情景模拟等互动式的教学方法，学生可以在真实的语言环境中进行实践，从而提升语言表达能力。同时，教师还需要通过各种评估手段及时了解学生的认知和实践情况，帮助学生发现并解决问题，从而促进语言习得效果的提高。语言既是一种交流工具，也是一种文化载体，学习者通过语言的学习可以了解不同文化背景下的思维方式和行为习惯，拓宽自己的视野，提升自己的跨文化交际能力。知与行的相互作用使语言学习变得更加生动和有趣，从而激发学习者的学习兴趣和动力。

（二）语言习得中的知行转化

语言习得中的知与行存在复杂且密切的关系，它们在价值和功能上实现了耦合，并且在学习过程中相互转化。"知之愈明，则行之愈笃；行之愈笃，则知之益明。"①"知"是对语言知识的认知，包括语法规则、词汇量、句子结构、语言文化背景等。而"行"则是对语言的实际运用，包括能够流利地进行交流、充分地理解他人、准确表达自己的思想等。这两者在语言学习的过程中互为前提和条件，知是行的基础，行则是知的实践。在语言习得中，学习者首先需要积累一定的语言知识，这些知识为他们提供了必要的工具，使其能够进行基本的语言运用。通过学习语法规则，学生能够构建句子的基本框架；通过记忆词汇，学生能够丰富他们的表达内容；通过了解语言的文化背景，学生能够更准确地理解语言的内涵和用法。语言知识的积累并不是孤立的，而是需要通过实际的语言运用来验证和巩固，只有在真实的交流环境中，学生才能真正理解和内化语言知识。行是知的实践和检验，在实际运用中，学生会遇到各种各样的挑战和问题，他们会去思考和反思，从而进一步深化对语言知识的理解。在实际对话中，当学生发现自己使用的语法不正确或词语不准确时，他们会意识到这些知识的重要性，从而更加认真地去学习和掌握。语言的实际运用也离不开语言知识的支持，没有扎实的语言知识作为基础，实际的语言运用将变得困难且低效。学生在学习中不仅需要不断积累语言知识，还需要通过各种实践活动将这些知识转化为实际的语言能力，这种转化

① 黎靖德. 朱子语类：第 1 册［M］. 北京：中华书局，2004：281.

过程是一个动态的循环，知与行相互作用，相互支持，使得语言习得过程更加高效和自然。

英语教育应强调"在做中学、在学中做"的重要性，通过实际应用，使学生在实践中巩固和深化所学知识。"在做中学"的过程可以帮助学生更好地掌握语言的实际运用技巧，提高他们的语言表达能力和沟通技巧。而"在学中做"的过程则有利于学生在学习新知识的同时将其付诸实践，逐步将语言知识内化为自身的语言能力。"知"与"行"形成一个相互作用、相互促进的循环系统，使得学生的外语学习不再仅仅停留在理论层面，而是转化为关键能力与素养。英语教育中的"知"不仅指对语言知识的掌握，还包括对语言文化的理解和对跨文化交际能力的培养。"行"则是指将这些知识转化为实际的语言运用能力，能够在不同情境下灵活地运用英语进行沟通。学生在实践中所遇到的各种问题和挑战会促使他们进一步思考和探索，从而对原有的知识体系进行反思和重构，这不仅可以帮助学生更好地理解和掌握知识，还可以促使他们在不断实践中获得新的知识和技能。学生在实践中的不断进步和反思，可以使他们的知识体系不断得到充实和完善。

（三）语言习得中的知行一体

知与行在语言习得中互为依存、相辅相成，是辩证统一的关系。正如明代思想家王阳明所言："知之真切笃实处即是行，行之明觉精察处即是知。"[1] 仅仅停留在"知"的阶段而不付诸"行"，语言学习

---

[1] 王阳明. 传习录：卷5 [M]. 北京：商务印书馆，2017：74.

便成了纸上谈兵，无法真正掌握和应用语言。如果没有扎实的知识作为基础，单纯依靠"行"去实践，也难以获得准确而有效的语言表达。知行一体强调认知和实践的内在统一性，这不仅体现在两者之间的相互依存和促进，更体现在它们作为一个整体在语言习得过程中所发挥的核心作用。认知是对语言知识的理解和掌握，实践是对语言技能的实际运用，二者相辅相成，共同构成语言习得的完整过程。认知过程中的"知"不仅限于对语法、词汇等的记忆和理解，还包括对语言文化背景、交际习惯等深层次内容的认识。认知一旦通过实践得以验证和运用，就会在实践中进一步深化和扩展，从而促进认知水平的提升。学习者在掌握语言的过程中往往会经历从知识输入到实际运用，再到通过运用反馈重新调整认知的循环过程。在这个过程中，认知和实践不是简单的线性关系，而是一个动态的、相互影响的系统。学习者通过实践，将所学的语言知识应用于实际的交流场景，在实践中发现问题、解决问题，不断修正和完善自己的认知结构，这种在实践中不断反思和调整的过程正是知行合一理论在语言习得中的具体体现。仅有认知而缺乏实践，语言知识就难以内化为实际的语言能力，仅有实践而缺乏正确的认知指导，语言习得的效率和效果也会大打折扣。语言学习者需要在真实的交际环境中通过不断的练习和实践，将所学的语言知识转化为实际的交际能力，这既是对已有知识的应用，也是对知识的重新构建和创造。因此，语言习得的过程不仅是知识积累的过程，更是实践创新的过程。

　　教育的最终目的是培养全面发展的个体，而不仅仅是传授知识。在英语教育中，知识的获取与实际能力的培养应是相辅相成的过程。知与行的关联性体现在教育过程中理论与实践的结合，学生在学习过程中既要掌握语言知识，也要不断实践，体会语言的实用性。此外，知与行的结合还体现了英语教学过程的相容性与动态性。其中，相容性指的是理论知识与实践能力的融合，这种融合并非简单的叠加，而是通过教学策略和方法的创新使学生在知识掌握与技能运用上相互促进；动态性则是指知识与实践的双向互动过程，这一过程随着教育情境的变化而不断调整与优化。知行一体也表现为"内化于心，外化于行"，通过英语课程学习，学生能够将语言文化知识内化为个人认知结构的一部分，而通过英语学科实践活动，学生则能够将内化的知识外化为在不同情境中灵活运用所学知识解决实际问题的关键能力。知行一体还强调教育方式的多样性与全面性，英语教学方法不应拘泥单一的讲授模式，而应通过互动讨论、小组合作、项目研究等多样化的教学手段激发学生的学习兴趣和主动性。教育内容应涵盖听、说、读、写等各方面的技能培养，使学生能够全面发展。教师既要关注学生知识的习得和技能的培养，还要注重对学生情感、态度和价值观的引导，通过人文关怀和价值教育，使学生在学习知识的同时，形成正确的人生观和价值观。

二、基于情境场域实现"知行合一"

（一）身体体验，行中求知

语言学习的体验活动能够促使学生在真实语境中用身体感知语言文化知识，理解语言背后的文化内涵，从而深化对语言的理解和掌握。语言文化知识的习得是动态的，这意味着学生需要通过实际操作和互动来感知和理解知识，而不是仅仅通过书本和教师的讲解来获取信息。动态化的学习方式强调学生的主动参与和身体体验，学生通过亲身实践和互动，能够更为深刻地理解和掌握语言的文化背景和实际应用。教师在教学中要调动学生的多种感官，使学习过程不仅仅依赖视觉和听觉，还依赖触觉和身体运动。通过全方位的感知方式，学生能够更全面地理解语言的使用场景和文化背景，从而形成更加立体和丰富的知识体系。全身心投入的学习体验不仅能够激发学生的学习兴趣，还能够增强他们的记忆力和理解力，进而提升学习效果。通过身体的参与，学生能够更好地将语言与其文化背景联系起来，理解语言背后的文化内涵，从而达到更高层次的语言运用能力。

重视学生的切身感受是提升英语学习效果的关键因素，当学生能够在英语学习过程中感受到知识的实际价值和意义时，他们的学习参与度和主动性就会显著提高。在开展英语学习体验活动时，教育者应当关注学生的需求和兴趣，设计出能够引发学生普遍共鸣的学习情境。通过情境化的英语教学活动，学生可以在模拟现实的情境中进行角色扮演、问题解决等实践活动，从而获得真实的体验感受。这不仅可以提高学生的学习兴趣，还可以帮助他们将理论知识与实际应用相结合，形成深刻的认知体验。在传统的教学模式中，英语语言文化知识往往以抽象的形式呈现出来，学生难以理解其在实际生活中的具体应用。通过构建生活化的情境，教师可以将抽象的知识具体化，使学生能够在真实情境中观察、思考和实践。通过模拟现实生活中的问题情境，学生可以运用所学知识进行分析和解决，从而体会到知识的实际价值。情境化的教学方法不仅可以增强学生的学习体验，还可以提高他们的问题解决能力和培养他们的创造性思维。

在真实情境中，学生不是知识的被动接受者，而是知识的主动构建者。通过亲身参与，学生能够将抽象的理论知识转化为具体的操作技能，深化理解并内化所学内容。一方面，真实情境提供了丰富的学习资源和多样化的情境刺激，使学生能够通过观察、模仿、尝试和反思不断调整和改进自己的行为和思维方式；另一方面，真实情境中的学习强调了知识的情境化和情境依赖性，知识不再是孤立的、静态的，而是与具体的情境和任务紧密相关，学生能够在真实情境中体会到知识的实际应用价值和意义，激发学习的兴趣和动机。这就要求英语教师具备较强的专业知识和丰富的实践经验，能够设计和提供真实的学习情境并及时反馈和指导学生的学习活动。

（二）真实情境，学以致用

语言学习并非语法规则和词汇的机械记忆，而是需要在真实的语言环境中通过实际运用来实现语言能力的内化和提高。在真实情境中，学习者不仅能够理解语言的表层结构，更能够掌握其深层含义和使用规则。语言习得是动态的认知发展过程，学习者通过与环境互动来不断调整和优化自己的语言输出，使之更符合实际交流的需求。在这一过程中，情境提供了语言使用的真实背景，促使学习者在具体语境中理解和应用所学语言。情境是语言理解和表达的关键要素，语言学习者在特定情境中接触语言不仅可以帮助他们理解语言的具体用法，还可以促使他们在实际交际中灵活运用语言。通过情境化的语言实践，学习者能够在真实的交流环境中不断尝试、修正错误和自我反馈，从而逐渐形成对语言的深层次理解和运用能力。情境的运用不仅可以提高语言学习的效率，还可以增强学习者的语言自信和交流能力。在真实情境中，学习者不是被动的语言接受者，而是积极的参与者，他们需要不断调动已有的语言知识并结合情境进行灵活运用，这种参与性和互动性极大地促进了语言能力的提升。此外，情境中的语言使用有助于学习者发展跨文化交际能力。在不同的文化背景下，语言的使用和理解方式存在差异，通过情境化的语言学习，学习者能够更好地理解和适应这些差异，从而提高跨文化交际的能力。

语言认知的形成与发展是一个复杂而动态的过程，离不开具体情境的作用，情境不仅为语言学习者提供了丰富的语言输入，还为他们的语言运用提供了真实的语境支持。英语学习者"不仅要善于学习情境性的知识，而且要善于在情境中运用所学知识"①。在情境中获取语言文化知识使得语言学习者能够更好地理解语言的实际意义和用法，进而深化他们对语言的掌握和认知。首先，情境为语言认知提供了具体的参照框架，使得语言学习者能够将抽象的语言规则与具体的实际应用联系起来。在真实的情境中，语言学习者能够观察到语言中的语音、词汇、句法是如何被使用的，通过在情境中反复接触和使用语言，学习者不仅能够掌握语言的形式，还能够理解其背后的文化内涵和社会功能，情境化的学习方式有助于语言学习者形成稳定而深刻的语言认知结构。其次，情境的多样性和真实性对语言认知的发展至关重要。在不同的情境中，语言的使用方式和功能可能有所不同，多样化的语言输入可以帮助学习者建立灵活而全面的语言认知系统。真实的情境还可以提供表情、手势、语境线索等丰富的非语言信息，这些信息对于理解和运用语言也是非常重要的。通过在不同情境中运用语言，学

---

① 王薇. 指向问题解决能力发展的学习活动模型研究：基于情境学习理论的分析框架[J]. 教育学术月刊，2020（6）：88-95.

习者能够逐步培养语言的实际运用能力，进而提高语言认知的深度和广度。此外，情境对语言认知发展的支持还体现在语言文化知识的获取和运用上。语言既是交流工具，也是文化载体，通过在情境中学习语言，学习者能够接触到语言背后的文化知识和社会规范，这对于全面理解和掌握语言至关重要。只有在情境中不断获取和运用语言文化知识，学习者才能够真正实现语言认知的全面发展。

新知识的掌握不是对信息的记忆和简单应用，它关系到学生高阶思维能力的培养和发展。学生在真实情境中进行知识的应用，通过对现实问题的分析、综合、评价，以及创造性地解决问题，逐步形成和提升其综合能力。真实情境为学生提供了丰富的素材和挑战，使他们能够将所学知识与实际问题相结合，充分调动其批判性思维、创造性思维和系统性思维等高阶思维。在这一过程中，学生需要对复杂信息进行筛选和整合，辨识问题的关键因素，构建合理的解决方案，并反思和调整自己的思维过程。通过不断的实践和反思，英语学习者不仅能够加深对新知识的理解，还能够提升其思维的灵活性和深度，最终形成应对复杂多变现实的批判性思维、语言沟通、跨文化理解以及自主学习等关键能力。

（三）具身实践，行以致知

具身实践是个体探寻知识、生发情感、建构价值观的载体①，具身实践强调通过身体活动和具体的情境体验来学习语言，这不仅能够提高学习者的语言能力，还能够增强他们对所学内容的理解和记忆。

---

① 王素云，代建军. 真实认知：内涵、特征与实践路径［J］.当代教育科学，2022（5）：10-16.

学习者通过具身实践能够更有效地将抽象的语言知识转化为具体的实践能力，从而提高其语言运用的熟练程度。具身实践使学习者能够在真实的交流和互动中体验和表达情感，情境化的学习方式能够激发学习者的学习动机，增强其学习的积极性和参与感，同时能够让学习者在交流中体验他人的情感和了解他人的观点，提高其情感共鸣和理解能力。通过具体的情境和活动，学习者能够在具身实践中体验和理解不同的文化和价值观。在互动和体验中，学习者可以通过与他人交流和合作，反思和内化不同的价值观念，形成自己的价值体系并理解和接受多样化的文化和价值观，从而具备跨文化交际能力和全球视野。行动不仅是认知生成的重要载体，也是个体认知走向成熟的必经之路，个体在行动中将理论知识应用于实际问题的解决，验证其有效性并在实践中发现新的问题和挑战，这样的循环往复使个体的认知在实践中不断被打磨和提升。行动中的反馈机制使个体能够及时调整和优化自己的策略和方法，逐步走向更高层次的认知水平。个体认知的发展与其行动实践密不可分，认知在行动中生成、发展并得以检验，行动则为认知提供实践基础和检验平台。

"行先知后"强调在实际情境中进行语言应用，而不是仅依靠课堂上的理论知识学习，学习者在真实的语言环境中进行交流可以更好地理解语言的实际用法和不同语境中的细微差别。"由行致知"强调实践对知识内化的重要性，学习者通过在实际情境中的反复实践，逐步将所学知识转化为自身的能力，这样既提升了语言能力，又培养了文化理解和跨文化交际能力。在真实情境中，学习者能够接触到不同的文化和社会习俗，这对他们全面理解和使用语言有着重要的促进作用，通过在真实环境中的不断尝试和反馈，学习者能够更快地发现和纠正错误，从而不断提高自身的语言水平。再造的真实情境指的是模拟或构建仿真的语言情境，旨在为学习者提供一个接近真实生活的语言使用环境，以便他们能够在具体的、动态的交际情境中应用所学的语言知识，从而加深对语言的理解和掌握。"以行验知"强调实践在语言学习中的重要性，通过不断的语言实践，学习者可以在真实的交际过程中发现自己在语言方面的不足，从而有针对性地进行改进和提高。"知行结合"突出理论与实践相辅相成的重要性，语言学习不仅仅是知识的积累，更是能力的培养，通过再造的真实情境，学习者可以在具体的语言实践中运用所学的语言知识，在实际运用中不断反思和调整自己的语言使用，从而达到知行合一的学习效果。

第三节　境脉学习理论

一、文化与境脉的动态交互

曾有学者提出："学习发生于动态系统之中，该系统包括伴随个体生命始终的不断变化的境脉和人。"[①] 文化与境脉存在一种动态交互的关系，具体表现在以下两个方面。

（一）挖掘文化内涵，拓展知识境脉的文化广度

文化是一种复杂的社会现象，其内容涵盖了人类社会生活的各个

---

① 马雷特，等. 人是如何学习的 II：学习者、境脉与文化［M］. 裴新宁，王美，郑太年，译. 上海：华东师范大学出版社，2021：28.

方面，包括语言、信仰、习俗、道德规范等。这些文化元素深刻影响着个体的认知方式、情感表达以及行为模式。文化不仅为个体提供了学习的背景和框架，还通过各种形式的社会化过程塑造个体的学习动机和学习方法。文化中的语言和符号系统是个体获取知识和进行思维的重要工具，文化中的价值观和道德准则在很大程度上决定了个体对知识的选择和评价标准。文化境脉提供了一个广泛的社会情境，不仅包括家庭、学校和社区，还包括更为广泛的社会结构和社会关系。在这个境脉中，个体通过参与各种社会活动和文化实践获得丰富的体验和知识，这不仅能帮助个体理解和适应周围的环境，还能促进个体的社会化和人格发展。通过参与文化活动，个体不仅学习到了实用的知识和技能，还学会了如何与他人合作和沟通，从而提高其社会适应能力和社会竞争力。

"知识只有放到广阔的文化境脉里才经得起反复推敲与解读，才有利于进一步提炼和升华学科核心素养。"① 在全球化背景下，将全球通用语言英语的语言知识融入广阔的文化境脉，有助于学生全面理解和掌握英语语言的文化内涵和现实意义。英语教学不仅仅是教授语言技能，更是培养学生的人文素养和全球视野的重要途径，通过对英语语言文化知识的深刻理解，学生可以更好地理解和欣赏不同文化背景下的价值观、社会习俗和思维方式。对异质文化的理解和尊重是外语教育中不可或缺的部分，可以帮助学生形成开放包容的态度并培养其跨文化交际能力。通过对不同文化的深入探讨，学生既能提高语言能力，也能提升批判性思维能力和文化鉴赏能力，多维度的核心素养提

① 刘英琦."文化化学"教学思想的时代意义、育人模式与实践样态［J］. 课程·教材·教法，2022，42（11）：127-133.

升对促进学生全面发展具有重要意义。

（二）构建文化场域，彰显文化实践的活动强度

学习环境的构建是为了促进学生以某种形式参与一系列特定的活动，每一个学习环境的特征都反映了其所处的文化境脉。[①] 语言学习环境中的活动既是语言技能训练的重要手段，也是学生在实际语境中应用所学语言的实践机会。语言学习环境不仅是一个课堂或教学空间，更是一个具有多层次、多维度的文化交融和互动的平台，每一个语言学习环境的特征无不反映其所处的文化背景和教育理念。在不同的文化背景下，语言学习环境会呈现出不同的特征。譬如，在以交际法为基础的语言学习环境中，互动性和交流性是其主要特征，教师和学生通过对话、角色扮演等形式进行教学和学习，强调语言的实际应用能力。而在注重传统语法翻译法的环境中，教学活动可能更多地集中在语言规则的讲解和练习上，学生通过大量的阅读和写作练习来掌握语言的结构和用法。语言学习环境的构建不仅要考虑到语言本身的特点，还要充分尊重和融合学生所在的文化境脉。文化因素对语言学习的影响深远而复杂，它不仅体现在语言的表达方式和使用习惯上，还深刻影响着学习者的语言认知和思维模式。因此，教师在创设语言学习环境时应敏锐地捕捉和反映相关的文化特征，并通过适当的教学设计和活动安排使学生在语言学习的过程中感受到文化的多样性和丰富性。

语言学习文化场域的构建是一项复杂而系统的工程，不仅需要科学的设计和合理的规划，还需要充分考虑文化背景和技术手段的影响。

---

① 马雷特，等. 人是如何学习的Ⅱ：学习者、境脉与文化［M］. 裴新宁，王美，郑太年，译. 上海：华东师范大学出版社，2021：142.

在语言学习文化场域的构建过程中，教师的角色尤为重要。教师不仅是知识的传授者，更是学习环境的设计者和文化桥梁的搭建者。教师需要具备跨文化的敏感性和多元化的教学能力，能够根据不同学生的需求和背景设计出适合他们的学习活动和任务。同时，教师还需不断更新自身的知识储备和教学方法，以应对不断变化的教育环境和学生需求。技术的发展也为语言学习环境的构建提供了新的可能性和手段，现代信息技术和多媒体工具的引入使得语言学习环境的形式更加多样化，内容更加丰富，互动性更强。学生可以通过网络和各种电子资源接触更为广泛的语言材料和文化信息，获得更多自主学习和个性化发展的机会。文化场域的构建需要综合考虑学生的认知特点和文化背景，英语课程的教学内容和教学活动要体现出文化的深度和广度。教师可以通过设置明确的主题引导学生关注不同文化背景下的语言使用方式和文化习俗，使他们能够更好地理解和尊重多元文化。教师可以选择不同国家的节日、传统和习俗作为主题，通过讨论、角色扮演和项目研究等方式帮助学生深入了解这些文化现象，增强他们的文化敏感性和跨文化交际能力。文化场域的构建还需要教师在教学过程中不断融入文化元素，以文化浸润课堂。教师应选取具有文化内涵的教学材料，引导学生进行文本分析和讨论，挖掘其中蕴含的文化价值观和社会意义。

在新课标背景下，英语教学更加注重学生学科核心素养的发展。传统的"听中学"的教学模式主要依赖教师讲授和学生被动听讲，虽然这种方式可以在短时间内传递大量的知识信息，但往往忽视了学生的主动参与，不能有效地培养学生的语言文化实践能力。"做中学"的"学科实践"则强调通过实际操作和真实情境中的语言文化学习活动促进学生对语言文化知识的理解和应用能力的提高，教师的角色从语言文化知识的传授者转变为学生学习的引导者和促进者，以及文化场域的构建者，学生则从被动的接受者变为主动的参与者和探究者。学科实践可以帮助学生在真实情境中运用所学的语言文化知识，培养他们的批判性思维、创新能力以及解决实际问题的能力，促进他们在多维度、多层次的语言文化场域中形成全面的英语学科核心素养。

二、学科实践：指向核心素养生成的境脉学习

英语学科实践的开展与情境创设息息相关，教师应在指向性和动态性的境脉视角下应用情境素材，在学科实践中培养学生的核心素养。① 具体又表现在以下两个方面。

（一）构建指向性境脉，开展主题式情境教学

英语教师在教学过程中应充分认识到情境素材在主题教学中的重要作用，注重对情境素材的精确挖掘和合理应用。通过对情境素材有指向性的选择与设计，教师可以确保教学内容切合学生的实际需求和认知水平，从而为主题教学构建出清晰的指向性境脉。首先，情境素材的选取应切合课程主题内容，避免片面追求素材的趣味性或时效性，而忽视其与教学目标的契合度。英语教师在设计教学活动时应根据教学主题选择既能体现主题内涵，又能激发学生兴趣和参与感的素材。这些素材可以来自日常生活、社会文化或时事热点等多个方面，但必

----

① 李秋石，杨志远. 境脉视角下《义务教育生物学课程标准（2022 年版）》中"情境素材建议"的思考［J］. 课程·教材·教法，2023，43（3）：140-145.

须围绕主题内容，确保学生在学习过程中能够感知到语言的实际应用场景，以帮助学生增强对语言学习的直观感受。其次，教师应在情境设计中突出素材的指向性，确保情境和主题内容的一致性，通过情境素材背后蕴含的文化、社会或情感因素深化学生对教学主题的理解。譬如，在主题为"环境保护"的英语课文中，教师可以选择与环境保护相关的社会新闻或广告视频作为情境素材，通过引导学生讨论和分析这些素材，帮助他们更深入地理解环境保护的意义及环境对人类生活的影响。结合主题的情境设计不仅能够使学生在语言学习的过程中逐步形成批判性思维能力和跨文化意识，也有助于培养他们的社会责任感。最后，围绕主题构建指向性的境脉是英语教师在学科实践设计中应当关注的关键要素。境脉将不同的情境素材连接起来，使其形成一条相互关联、逻辑连贯的情境链条，这条情境链条围绕教学主题而展开，能够帮助学生在不同情境中灵活运用语言，进而实现语言知识向语言技能的转化。教师在教学过程中应通过一系列紧密联系的情境设置引导学生在不同情境中运用语言表达自己的思想和观点，从而逐步提高他们的语言交际能力。

在英语学科实践的设计中，教师依据具体教学内容的指向性深入挖掘和选取与之相关的情境素材，有助于提升学生的学习效果。通过将围绕同一主题的情境素材进行匹配和串联，教师可以构建连贯而丰富的教学情境，使学生在实际语言运用中体会到英语学习的现实意义。教师应具备敏锐的主题辨识能力，能够结合学生的认知水平和学习需求，巧妙地将情境素材与英语学习材料和任务相融合。首先，教师在挖掘情境素材时应考虑到课程内容的核心目标，选择能够充分反映所学语言功能和语法结构的素材。这些素材应当真实且具有代表性，能够激发学生的学习兴趣，并促进他们对所学知识的深层理解。通过情境素材的选择和匹配，教师可以为学生提供多样化的语言输入，使他们能够在具体的语言情境中习得相关的语言知识。其次，将情境素材进行匹配和串联有助于建立逻辑连贯的教学情境，使学生在不同情境间转换时能够保持思维的连续性。教师需要关注情境之间的关联性和过渡的自然性，确保学习任务的设计能够循序渐进，逐步引导学生完成从输入到输出的语言练习。同时，教师还需要考虑到不同情境素材之间的主题一致性，避免学生因情境转换而产生认知负担。教师应具备整合多种教学资源的能力，以便将情境素材嵌入英语学习材料与任务，在任务设计时应注重情境的真实性和任务的可操作性，使学生在完成任务的过程中自然地运用所学语言，实现知识的迁移与应用。

教师应结合学生的认知发展特点和学习需求，将语言学习与具体的社会、文化背景相联系，通过在指向性境脉中开展英语学科实践，使学生能够在真实语境中运用语言并深刻理解语言背后的文化内涵，以培养他们的跨文化交际能力。英语教学不仅要注重语言知识的传授，更要强调语言技能的综合运用，在培养学生听、说、读、写能力的同时，发展其批判性思维、问题解决能力以及自主学习能力。在指向性境脉的设计中，教师需要根据不同的教学目标选择和整合与主题相关的素材，并将这些素材有机地融入课堂教学，通过设置具体的任务或问题情境，引导学生在解决问题的过程中学习和运用英语。基于任务的学习不仅能够激发学生的学习兴趣，还能够使他们在解决实际问题的过程中不断提升语言能力。同时，通过多样化的主题设置，学生可以在不同的文化情境中进行语言实践，从而加深对英语语言和文化的理解。在指向性境脉中，教师还应注重学生自主学习能力的培养，通过引导学生在情境中自主探索、分析和解决问题，帮助他们形成良好的学习习惯和策略，培养他们的自主学习能力。

（二）构建动态性境脉，驱动语言文化探究活动

《义务教育英语课程标准（2022年版）》指出："教师要有意识地为学生创设主动参与和探究主题意义的情境和空间，使学生获得积极的学习体验，成为意义探究的主体和积极主动的知识建构者。"① 在英语教学中，探究的过程体现了学生从不确定性到确定性的认知转变，是学习者主动参与、批判性思考和自主构建知识的关键途径。在探究过程中，初始情境的各要素通常处于动态变化中，这种变化并非简单的线性过程，而是充满了复杂性和多样性。这些变化可能包括学生对语言现象的理解不断深化、对知识要点的逐步聚焦，以及对语言规则和使用场景的逐渐明晰。探究式学习强调学生在面对复杂情境时通过提出问题、收集信息、分析数据、形成假设并验证结果等方式，逐步将不确定的情境转化为相对明确的知识体系。在这个过程中，不同成分之间的关系逐渐明晰，知识的内在结构得以显现。教师在其中扮演着引导者和促进者的角色，通过设计富有挑战性的问题情境引导学生不断探究和反思，从而促进其认知发展。探究过程中的不确定性为学生提供了大量思维发展的机会，在应对这些不确定性时，学生需要运用批判性思维和创造性解决问题的能力，从多角度审视问题，并在此过程中逐步理解和掌握英语知识。因此，探究既是学习内容的获得，也是学生思维方式的培养和知识构建能力的提升。在探究的最终阶段，

---

① 中华人民共和国教育部. 义务教育英语课程标准（2022年版）[S]. 北京：北京师范大学出版社，2022：50.

学生不仅能够对原先不明确的情境做出清晰的解释，还能够将学到的知识应用于新的语境中，实现对知识的迁移和创新。

从境脉视角来看，情境的迭代升级可以被视为一个复杂且动态的发展过程，它不仅体现了事物的曲折前进，也蕴含了螺旋式上升的特性。这一过程并非线性，而是伴随着反复、调整和重新整合的动态性变化。境脉是一种动态存在，承载着情境的多维演进和变迁，探究活动在不断变化的情境中展开，这些情境在发展过程中经历着持续的升级和迭代，从而为探究活动提供了丰富的动态背景。情境的迭代升级是深层次的认知与实践的同步演进，每一阶段的情境更新都是对整体境脉的重新定义和再造。通过螺旋式的情境进化，探究活动得以在更加复杂和多变的境脉中展开，使研究对象和研究过程之间的关系越发紧密且充满互动性，这种互动性随着情境的变化而动态调整，反映出探究活动的灵活性和适应性。此外，境脉的动态性为探究活动提供了一个不断更新的背景，这一背景中的情境通过迭代升级推动着学习者在探索过程中不断适应新的挑战和抓住机遇。因此，探究活动不再仅仅是对已有知识的检视，而是对不断变化的情境做出积极回应的过程。随着情境的每一次升级，学习者必须重新审视和调整其方法、策略和目标，以适应新的情境需求。这种需求推动着探究活动在境脉的动态性中找到新的平衡点，从而实现知识的创新和发展。在动态境脉中，探究活动表现出显著的适应性特征，每一阶段的情境变化都可能导致探究路径的调整或重新选择，从而使得研究活动更加契合具体的情境要求。

换言之，情境的迭代升级并非单纯的累积过程，而是伴随着每一阶段的新情境引发的深度反思和再创造。在这一过程中，学习者既是情境变化的观察者，也是主动参与者，他们通过对境脉的深刻理解，推动着探究活动不断深入。英语教师在设计学科实践时不仅要考虑学生的语言学习需求，还要注重将英语语言文化融入各种动态且相关的情境，以帮助学生在真实的语言环境中逐步深化对英语文化的理解，使其通过反复的学习过程不断修正和提升自身的语言能力。在构建动态性境脉时，教师应当灵活利用多样的教学资源，将英语语言学习与实际生活、社会文化现象紧密结合，使学生能够在不断变化的情境中感知语言的多样性与复杂性。通过在不同情境中反复呈现和应用相似的语言现象，学生不仅可以巩固已有的语言知识，还可以在新的情境中获得更加深刻的文化理解。迭代式的学习方式不仅增强了学生对语言文化的感知能力，也提升了他们的语言应用能力，使其能够在更为广泛和复杂的环境中自如地表达和交流。此外，动态性境脉的构建有助于培养学生的批判性思维和跨文化交际能力，教师应注重通过多层次、多维度的文化素材，逐步引导学生从不同角度探讨英语语言背后的文化逻辑与价值观念。这不仅能够帮助学生加深对英语文化的认知，还能够促使他们在文化差异中找到共通点，从而在全球化背景下更有效地进行跨文化沟通。同时，通过反复迭代的情境体验，学生可以在不同的文化背景中练习如何灵活应对语言使用中的挑战，从而在真实的语言交际中更具优势。在教学实践中，教师应不断探索和创新情境素材的设计与应用，以最大限度地发挥动态性境脉在英语教学中的驱动作用。

第四章　初中英语学科实践的实然
困境与成因分析

本章主要聚焦初中英语学科实践的实然困境及成因分析。当前，英语学科实践不仅受到传统理论哲学缺陷和学科实践本性异化所带来的理论困囿，还存在实践层面的"离身"之困。造成这些困境的主要原因在于英语学科实践概念内涵的模糊性，以及英语学科实践面临多重传统束缚、多方资源限制和应试教育的抵制。

第一节　初中英语学科实践的实然困境

当前，初中英语学科实践在理论层面受到传统理论哲学缺陷的局限，并且在学科实践本性上出现了异化现象，在实践层面则面临着参与者的"离身"之困。

一、英语学科实践的理论困囿

(一)传统理论哲学的缺陷

杜威指出，"在学校里，学生往往过分被人看作求取知识的理论的旁观者，他们通过直接的智慧力量占有知识。学生一词，几乎是指直接吸收知识而不从事获得有效经验的人。所谓心智或意识，和活动的身体器官隔离开来"，"这种身心二元论所产生的不良后果罄竹难书"。① 传统教育将学生看作理论的旁观者角色，认为他们的学习仅仅依赖外界知识的直接灌输，而非通过自身的实际经验和探索来获得理解。在学校中，学生往往被视为知识的被动接受者，这种将学习过程简化为单纯的知识灌输的观点忽视了学生作为主动学习者的主体性。对学生身份的单一理解实际上削弱了他们的自主性和创造性，限制了他们在学习过程中所能获得的真实经验。当知识被剥离了具体的实践情境，仅仅以抽象的概念、符号、规则等形式呈现出来时，学生往往难以把握其内在的逻辑联系与实际意义。脱离实践的知识学习不仅难以激发学生的学习兴趣，也难以培养他们解决实际问题的能力。长此以往，学生可能会陷入一种机械记忆与应试教育的怪圈，无法真正掌握知识的精髓，也无法将其转化为个人成长的动力。真正的学习应当是理论与实践相结合的过程，学生不应满足于书本知识的积累，而应通过亲身实践去验证、深化乃至创新知识。实践经验不仅是理论知识的补充，更是理论知识得以内化、活化的关键。

---

① 杜威. 民主主义与教育 [M]. 王承绪，译. 北京：人民教育出版社，2001：154.

学科实践受制于传统理论哲学的局限①，身心二元论意味着思想与身体活动之间的割裂，这导致学生在学习时未能充分调动自身的感知与实践能力。知识的获取被视为一种离散的、孤立的行为，缺乏与实际情境的联系。这种观念不仅影响了学生对知识的理解和应用，还可能导致对学生学习动机的消极影响，使学生在课堂上失去探索和参与的热情。真正的学习应当是一个动态的过程，是心智与身体活动相互作用的结果，强调体验在知识形成中的重要性。身心二元论不仅割裂了人的整体性，还严重阻碍了学生的全面发展。在传统教育模式下，学生的心智发展与身体活动被人为地分隔开来，心智被视为高于身体、指导身体的存在，而身体则被视为心智的附属品或工具。这种观念忽视了身体活动在认知发展、情感培养、意志锻炼等方面的重要作用，导致学生身心发展的不平衡与不协调。身心二元论不仅限制了学生个体潜能的充分发掘，还对整个社会的创新发展造成了负面影响。在教育实践中，它导致了教育目标的单一化、教育内容的片面化以及教育方法的机械化，使得教育难以适应时代发展的需要，难以培养出具有创新精神与实践能力的人才。身心二元论影响了语言学习者对自我、他人乃至世界的认知与理解，加剧了人与自我、人与社会、人与自然之间的疏离与冲突。

受传统理论哲学二元对立的认识局限的影响，英语学习常常被视为一种不需要身体参与的抽象活动，在学习过程中，学生被迫远离了身体的实践体验。这不仅削弱了学习者的感官体验，也抑制了他们在语言学习中所需的多元互动。理论与实践之间的对立导致了对知识本

---

① 苏鸿. 学科实践：时代内涵与现实追求［J］. 课程·教材·教法，2023，43（4）：28-33.

质的误解，认为知识是一种静态的、可以在无身体参与的状态下获得的抽象概念，导致初中英语教师在教学过程中将重点放在理论知识的灌输上，而忽略了学科实践的重要性。首先，理论哲学框架下的英语学习往往被简化为一种纯智力活动，忽视了身体在知识获取与技能形成过程中的重要作用。英语学习被界定为词汇记忆、语法规则掌握及阅读理解等认知层面的活动，而学生的身体动作、情感体验以及社交互动则被视为次要甚至无关紧要的因素。然而，从认知心理学及具身认知理论的视角来看，身体不仅是知识加工的载体，更是促进语言习得不可或缺的要素。通过肢体语言、面部表情及身体运动等非言语行为的辅助，学生能够更深刻地理解语言背后的文化内涵与情感色彩，进而促进语言运用能力的全面提升。将英语学习从身体经验中抽离出来无疑是对语言学习本质的一种误解。其次，理论哲学强调理论知识的优越性，将实践视为理论的附属品或验证手段，这在英语教学中体现为对理论教学的过度重视与对实践活动的轻视。在初中英语课堂上，教师往往倾向于传授语法规则、句型结构等理论知识，而忽视了通过实际语言运用来巩固和深化这些知识的必要性。语言学习的最终目的是实现有效沟通，而沟通能力的培养离不开大量的语言实践，缺乏实践支撑的理论学习难以转化为学生的实际语言技能。最后，理论哲学认为知识先于行动，即学生必须首先掌握足够的理论知识，然后才能进行有效的语言实践，这同样限制了初中英语学科实践活动的开展，导致了一种"先学后用"的教学模式，即学生需要先通过大量记忆和练习掌握语言知识，而后才能在有限的时间内进行语言实践。然而，语言学习是一个动态的、循环往复的过程，理论知识的学习与语言实践应当相互交织、相互促进。将知识获取与行动实践人为地分割开来不仅违背了语言学习的自然规律，也抑制了学生在学习过程中的主动性和创造性。

理论哲学观照下的初中英语教学偏向于抽象思考与概念构建，过于强调知识的系统性、逻辑性和理论深度，而忽视了语言学习的实践性、情境性和应用性特征，导致学生难以将所学知识有效转化为实际的语言运用能力。要突破当前初中英语教学的困境，首要任务便是重新审视并构建符合语言学习规律的教学模式，开展英语学科实践是一项迫切且重要的任务。英语学科实践强调的是在真实或模拟的语言环境中通过多样化的教学活动和任务使学生在用中学、学中用，从而实现语言知识的内化与技能的提升，这不仅要求学生掌握语言的基本结构和规则，更重视他们在具体情境下运用语言解决实际问题的能力。摆脱理论哲学的桎梏，转向以实践为导向的语言教学，对于深化基础教育英语课程改革、提高初中英语教学质量具有深远的理论意义和实践价值。

（二）学科实践本性的异化

"学科实践的本性是以人为核心，彰显人之为人的意义，促进人的全面可持续发展。由于受到教育功利化及传统思维惯习的影响，学科实践日益落入功利化、机械化与同一化的泥淖。"① 过分强调分数的价值取向导致教育实践忽视了学生的个体差异与多元需求，机械化的教学方式剥夺了学生在语言学习中的主动性与创造性，而同一化的评价标准则进一步遏制了学生个性与潜能的充分展现。

---

① 刘莹. 学科实践的逻辑依据、现实困境与优化策略 [J]. 当代教育科学，2023（5）：58-65.

在初中英语教学中，学科实践的功利化现象日益成为一个不容忽视的问题，它直接关涉教育本质的扭曲与教育目标的偏离。英语教师过分聚焦学科实践的具体步骤、操作流程以及短期内可量化的成果，忽视了对学科深层次价值的挖掘与长远效益的考量，没有着眼对学生核心素养的全面培育与个体成长的持续关注。英语是一门兼具工具性与人文性的学科，其学科实践本应是学生语言能力、思维品质、文化意识以及学习能力等多方面素养综合提升的过程。然而，在功利化倾向的驱使下，教育实践往往被简化为一系列机械化的技能训练和应试策略的传授，如过分强调语法规则的记忆、词汇量的快速扩张以及考试技巧的机械训练，而忽视了语言学习背后深厚的文化底蕴、情感交流及批判性思维能力的培养。以应试为导向的教学模式既限制了学生语言运用能力的全面发展，也剥夺了他们通过英语学习探索世界、理解多元文化、促进自我成长的机会。核心素养强调的是学生在面对复杂情境时能够综合运用知识、技能、态度和价值观解决问题的能力，是促进学生终身发展与社会适应的关键。然而，在功利化的学科实践中，这些关乎学生未来竞争力的核心素养往往被边缘化，取而代之的是对短期成绩的盲目追求，这无疑是对教育本质的严重背离。在英语学科实践中，核心素养的落实要求教育者超越传统的教学思维，以更为全面的视角看待语言学习与运用。教育者需要将学生的个体差异、学习需求和情感体验纳入实践的考量之中，而不是单纯依赖既定流程和看重短期成绩。功利化的倾向容易导致教育者在实践中忽视学生的主体性，削弱他们在学习过程中自主探索与深度思考的能力。此外，英语学科实践的功利化还可能导致学生学习动机的异化。当学习的主要动力源于外部奖励（如高分、排名等），而非内部兴趣与自我实现时，学生的学习行为将趋于被动与表面化，难以形成持久的学习动力与深度学习的习惯。长此以往，不仅会影响学生的身心健康，还可能抑制其创新思维与创造力的发展，最终阻碍个体潜能的最大化发挥。

学科实践是连接理论知识与实际应用的桥梁，在初中英语学科实践的探索过程中，将"学科实践"机械化地理解为"学科"与"实践"的简单拼接，在本质上反映了英语教育实施过程中对学科实践内涵理解的片面性。在传统观念中，学科往往被视为知识体系的静态呈现，而实践则被看作技能操作的动态过程。在这种二元分割的思维模式下，学科实践被狭隘地定义为将书本知识应用于机械练习或模拟情境中的活动。然而，这种理解忽视了学科与实践之间应有的内在联系与互动，即实践应是学科知识的活化与深化过程，而非简单的知识应用。初中英语教学中的语言学习不仅仅是语法规则的记忆和词汇量的积累，更重要的是通过实际的语言交流来培养学生的跨文化交际能力、批判性思维以及情感表达能力。将学科与实践简单叠加不仅无法充分发挥实践活动的教育价值，而且限制了对学生学习潜能的挖掘。语言是社会文化的载体，其学习与运用离不开真实的社会生活情境。然而，在当前的教学模式中，由于过分强调学科知识的系统传授与应试技巧的训练，学科实践活动往往被局限于教室，远离了学生的日常生活和社会实际。这种脱离社会生活的学科实践不仅难以激发学生的学习兴趣，还会导致学生在面对真实交流场景时感到无所适从，无法有效运用所学知识解决实际问题。长此以往，学生可能会对英语学习产生厌倦情绪，认为英语学习只是升学考试的工具，而非提升自我、融入社会的桥梁。当学科实践活动与学生的个人经历、兴趣爱好及未来规划脱节时，学生不仅很难从中找到共鸣，更难以产生深层次的情感体验。

情感是学习的动力源泉，缺乏情感投入的学习往往是低效且难以持久的。在初中英语学科实践中，若不能有效激发学生的好奇心、探索欲以及成就感，就很难促使他们主动参与学习活动，更无法培养他们持续学习的习惯和自我驱动的学习能力。开展初中英语学科实践需从根本上转变教学理念，注重学科与实践的深度融合，加强与社会生活的联系，以及关注学生个体经验与情感的融入，从而构建既能促进学生语言能力提升、又能激发其学习兴趣与情感的学科实践新模式。

初中英语学科实践的同一化会导致教育内容和教学方法的单一化。由于评价体系的统一，教师在设计教学活动时往往倾向采用固定的模式和内容，以确保所有学生都能在相同框架下进行学习。这种模式的优点在于能够在短期内提高教学效率，便于大规模的评估和管理，然而，长远来看，其极大地限制了学生的自主学习能力。在英语学习过程中，不同学习者的个人兴趣、背景、认知水平及学习风格不同，理应拥有各自独特的学习路径与体验，将所有学习者置于同一个标准下无疑是对其潜力和创造性的压制。将学习者置于一个高度标准化的学习框架中往往导致他们的学习经验被压缩为单一模式，缺乏多样性和灵活性。在这样的学科实践中，学习者往往只能被动接受实践任务，缺乏主动探索和自主思考的机会。此外，同一化的学科实践还可能导致学习者在面对语言学习的复杂性时形成一种依赖统一标准的心理预期，抑制了他们主动解决问题的能力。对于学习者来说，教育不仅是知识的获取，更是个体思维能力、创造力和自我意识的塑造。学习者不仅需要掌握语言的基本知识，还需要能够在真实语境中灵活运用所学知识。过于强调统一标准的学科实践无法培养学习者适应多变环境的能力，导致他们在实际交流中感到无所适从，而个性化的学科实践体验可以使学生更好地理解语言的内涵和运用，从而提升其语言交际能力和文化理解能力。

二、英语学科实践的实践困囿

初中英语学科实践是发展学生核心素养的重要途径，在现阶段实施过程中表现出"学习目标盲目化，忽视身心一体；知识学习抽象化，漠视身体在场；实践活动虚假化，禁锢身体自由；学习评价单一化，抑制身体表达等身心分离的实践倾向"①。

(一)模糊的实践目标导致学生的身心分离

杜威认为，一种行动如果没有对结果的预见以及对方法和障碍的考虑，那么这种行动就是盲目的行动。② 然而，当前英语学科实践目标的设定普遍呈现出一种模糊化的态势，这种模糊性既影响了实践活动的质量与效果，也制约了学生英语能力的全面提升。具体而言，英语学科实践目标的模糊性主要体现为教师在实践目标的设计上缺乏具体性和系统性，仅停留在大致的方向性指引上，而忽视了具体要求的明确与细化。

作为学科实践活动的设计者与引导者，英语教师对于实践目标的理解与设定直接关系到活动的实施效果。在实际操作中，不少教师对于实践目标的设计仅停留在宏观层面，缺乏对微观层面的深入剖析与

①　耿素素，吴永军. 学科实践的身体逻辑及其实现［J］. 当代教育科学，2024（4）：45-53.

②　杜威. 民主主义与教育［M］. 王承绪，译. 北京：人民教育出版社，2001：145.

具体规划。他们往往只是提出一个大致的方向或主题，如"提高学生的英语口语交际能力"或"增强学生的英语阅读理解能力"，却未能进一步细化这些目标，没有明确学生在实践活动中应达到的具体要求。模糊的目标设定导致学生在参与实践活动时虽然能够知道大致需要做什么，但无法清晰地理解为什么要做、应该如何做、需要借助哪些方法和工具、遵循怎样的程序和步骤，以及最终需要达到什么样的标准。在英语学科实践活动中，由于实践目标的模糊性，教师传递给学生的信息往往只停留在表面层次，无法深入触及实践活动的核心要求与深层意义。因此，学生只能获得关于实践活动的片面信息，而无法形成对实践活动全面、深入的理解，这进一步加剧了学生在实践活动中的盲目性和随意性。由于缺乏具体的实践目标和明确的要求，学生在参与活动时往往只是机械地完成教师布置的任务，而无法主动思考为什么要进行这样的实践、如何更有效地完成实践任务，以及如何通过实践来提升自己的英语能力。缺乏主动性和思考性的实践不仅无法充分发挥实践活动的教育价值，也难以激发学生的学习兴趣和积极性。由于实践目标的模糊性，学生在实践活动中往往只是简单地完成任务，而无法进行深入的思考和情感体验。他们不仅无法在实践中逐渐提升自己的思维能力和情感素养，也无法通过实践来培养自己的创新精神和团队合作能力。理想的学科实践设计不仅应当包括操作层面的任务，还应引导学生进行深度的思考和反思。然而，当实践活动缺乏具体目标时，学生的参与往往仅停留在机械执行任务的层面上，而无法上升到理智思维的逐层进阶。逐步推进的思维介入有助于培养学生的分析、综合和批判性思维能力，而这一过程的缺失导致学生无法在实践中内化所学知识，进而难以形成真正的语言应用能力和跨文化交际素养。

此外，情感因素的忽视也是当前英语学科实践目标设定中的一个显著问题。情感介入是学习过程中的一个重要组成部分，它不仅会影响学生的学习动机，还会影响他们对所学内容的理解和内化。当实践活动缺乏明确的目标和设计时，学生的情感参与度也随之降低，他们在活动中获得的成就感和满足感较为有限，容易对学习产生消极态度。

当前的英语学科实践目标设计往往呈现出单一化的特征，体现了以知识本位为核心的设计取向，这种设计模式根植于传统的教学理念，教师通常依据既定的教学惯性来构建学科实践活动的目标体系。这类目标设计的重点往往集中在知识体系的呈现与强化，强调的是学生对语言知识的掌握和对逻辑思维的训练，忽视了教学过程中学生的身体和情感层面的多样化体验，教师通常将智力层面的开发和知识的传授置于核心地位。语言学习是一个涉及听、说、读、写等多方面的复杂过程，它要求学生不仅用大脑去思考、去理解，而且用耳朵去听、用嘴巴去说、用眼睛去看、用手去写。然而，在单一化的实践目标设计下，这些本应协同作用的感官被割裂开来，学生的身体被边缘化，他们成为知识传授过程中的被动接受者。过度的理智化倾向强调了知识的输入与输出、语言规则的掌握和逻辑思维的锻炼，而忽视了学习者作为个体的多感官参与和情感投入，使学习过程变得单调，局限于语言知识的传递与思维训练，而忽略了情感、态度和意志力的发展等关键的学习维度。教师在设计教学目标时往往将语言知识的传递和思维训练作为教学的核心内容，而对非智力因素的重视程度明显不足。态度、情感和意志力等非智力因素在学生的全面发展中起着至关重要的作用，而教师在开展学科实践的过程中对这些因素缺乏足够的关注与引导。学生的心智活动被局限于认知层面，身体的多感官参与和情感的多维表达则被忽略。这种"身心分离"的现象不仅限制了学生对语言的深度体验，还可能导致学生对学习过程的兴趣下降，甚至产生厌学情绪。

学习既是认知活动，也是身体与心灵的协同运作，学生身体的动作、感官的刺激以及情感的表达是学习的重要组成部分。通过多感官的参与，学生可以更深入地体验语言的使用情境，从而提高语言的实际应用能力。然而，在当前的英语学科实践中，身体的多维参与往往被忽略，学习过程被简化为知识的输入与输出，学生的身体与语言学习之间的联系被削弱。这直接导致了学习效果的局限性，学生无法在实际语言环境中灵活运用所学知识，语言能力的发展也因此受到限制。语言既是交流的工具，也是情感的载体，学生在学习英语的过程中应该有机会表达自己的喜怒哀乐、观点态度，以及对外部世界的感知与理解。然而，在传统的英语教学中，由于过分强调知识目标的实现，学生的情感体验往往被忽视或压抑，他们被要求按照既定模式去思考、去表达，而个人的情感色彩、创意想象则被视为无关紧要的附属品。这种忽视学生情感需求的教学设计既剥夺了学生学习英语的乐趣，也阻碍了对他们个性与创造力的培养。情感和意志力是学习的重要动力，但其在当前的英语学科实践目标设计中同样被弱化。学习不仅是智力活动，还是一个包含情感、态度和意志力的复杂过程，情感因素如兴趣、动机、归属感等直接影响学生的学习表现和学习效果。然而，当教师仅关注语言知识的传授时，学生的情感需求和意志力的培养被忽视，导致他们的学习动机无法得到充分激发。此外，教师对学生意志力的培养也缺乏足够的重视。面对语言学习中的困难和挑战，学生需要具备坚韧的意志力才能克服障碍，这种非智力因素在当前的学科实践目标设计中并未得到应有的关注。

（二）抽象的知识学习导致学生的身心离场

　　抽象的知识学习常常使学生感到疏离，难以与自身的感受和生活经验产生有效联系，这种脱节的学习方式不仅影响了学生对知识的理解深度，也在很大程度上削弱了学习的积极性和主动性。杜威认为，"地图不是个人经历的代替品。地图不能代替实际的旅行……一门学科的有逻辑、有系统的材料，终究不能代替个人具有的经验"①。学习过程应当建立在学生个人的经历和体验的基础上，而非单纯依赖抽象的知识传授。地图固然能够为旅行提供指导，但它无法取代旅行本身的体验。同样，虽然抽象的知识体系能够为学习提供框架，但它始终不能取代学生通过亲身实践和经验获得的深刻感悟。当前的初中英语学科教学过于依赖语言知识的传授，倾向于以抽象概念和系统化的知识框架为主导，而忽视了学生作为学习主体的实践性和经验性，较少关注学生个人的认知过程与经验积累。从表面上看，虽然这种教学方式能够为学生提供完整的知识体系，但这些知识并没有真正内化为学生自身的关键能力或核心素养，英语学科实践应将抽象的语言知识转化为具象的实践活动，以帮助学生在具体情境中应用和内化所学内容。语言学习不仅仅是记忆词汇和语法规则，更重要的是在实践中培养学生对语言的体感、体知与体悟，强调学习者身体力行，通过多样化的语言实践活动，使学生在真实语境中体验语言的功能和意义。其中体感是学生通过身体和感官对语言现象的直接感知，是语言实践的基础；

---

　　① 杜威. 学校与社会·明日之学校 [M]. 赵祥麟，任钟印，吴志宏，译. 北京：人民教育出版社，2005：121.

体知是学生在体感的基础上通过实践活动对语言规则和使用场景的认识和理解，是一种基于感知的认知过程；而体悟指的是学生在积累了一定的体感和体知之后，对语言现象、文化内涵、交际策略等方面的更高层次领悟。这三者的有机结合不仅促使学生在语言学习中获得更为深刻的认知和理解，也有助于他们将理论知识与实际运用紧密地联系起来，真正做到学以致用。学思结合是指在学习过程中进行反思和分析，通过实践将知识转化为可操作的能力。实践活动使得知识不再停留于理论层面，而是在实际的语言运用中得到检验和修正，从而增强学生的语言运用能力。此外，英语学科实践活动不仅是知识的习得和技能的锻炼，也是学生身心共同参与的过程。语言学习不仅是一种复杂的认知活动，也是情感和态度的培养过程。

在当前的英语学科实践中，语言知识的传授与学生身体参与之间的脱节问题较为突出。教师往往将知识传递集中在语言层面的分析与解读，而忽略了学习者在知识构建过程中的全方位参与，尤其是通过身体的实际操作和体验来深入理解和应用知识的潜力。知识学习的抽象化在很大程度上忽视了学习者作为"身体—心智"统一体的完整性，语言学习不仅是脑力活动，身体的参与对认知发展、知识内化以及创造性思维的激发也起到了重要作用。学习的过程实际上是多感官的协作，而非仅限于听觉与视觉的被动接受。因此，如果知识的学习仅限于语言或符号的层面，而未能融入身体的实践体验，学生在学习过程中就难以实现知识的深层次吸收与创新性应用。此外，知识学习的抽象化还可能导致学生对所学内容的理解趋于表面化，难以在不同情境下灵活运用所掌握的知识。英语是语言类学科，要求学生既掌握语法和词汇等基本的语言知识，也能够在复杂的文化、社会和情境脉络中运用这些知识。如果教学过程未能充分调动学生的身体参与和实践经验，学生的知识构建将被僵化和局限，无法真正实现对语言的灵活掌握与应用。身体参与在语言知识学习中的作用不仅在于增加学生的语言操练机会，更在于帮助学生在知识构建过程中建立起与现实世界的深层联系。通过身体的参与，学生能够将抽象的概念转化为具体的体验，进而加深对知识的理解。这有助于打破知识与实践的二元对立，使学生在学习过程中真正成为主动的知识建构者，而非被动的知识接受者。身体的参与还有助于学生在情境化的学习环境中实现知识的解构与重建，将学习与现实生活、个人经验相结合，进而实现知识的迁移与创新。

语言学习既是一个认知过程，也是一个综合性、多维度的实践活动，涉及认知、情感、社会和文化等多个层面。然而，当前的英语学科实践往往过于强调知识点的掌握，忽视了语言作为交流工具背后复杂的情感和文化内涵。片面关注语言知识本身的做法常常使学习者在实际应用中无法灵活运用所学，缺乏对语言深层次的理解与内化。语言是思维的载体，是情感表达的媒介，其学习过程理应是一个身心投入、情感共鸣的过程。然而，在现实的英语学科实践环节，学生往往被要求按照既定的框架和模式进行语言输出，缺乏将个人经历、情感融入语言表达的机会，导致语言运用显得生硬、缺乏生命力。机械化的知识运用不仅限制了学生语言表达的多样性和创造性，也削弱了语言学习对促进学生全面发展的积极作用。知识的机械化运用具体表现为学生在运用语言时依赖记忆和背诵，而缺乏创造性和批判性思维。他们更多的是关注语法规则、词汇记忆和结构的正确性，而非语言在不同情境中的适应性与变化性，从而导致他们难以在复杂多变的实际交流中自如应对。这不仅削弱了语言学习的有效性，也在一定程度上影响了学生的自主学习能力与创新思维的培养。在机械化的知识运用的影响下，学生在面对新的语言任务时往往表现出僵化的思维方式和策略单一的特点，这种局限性大大削弱了语言学习的实践价值，使其脱离了真实语言交际的复杂情境。"学习，就是自我发问。"[①] 学与思本应是不可分割的整体，学习语言不仅需要对知识进行积累，还应伴随思考的深入与理解的扩展。然而，在实际的英语学科实践中，学生的思考往往停留在对语言表层知识的掌握上，而对语言内涵的探索与反思则被忽视。由于缺乏对语言学习过程中的反思与批判性思维的培养，学生在面对复杂的语言情境时难以灵活应对，更无法将所学语言知识迁移到不同的应用场景中。脱离反思的实践方式使得学生在实际运用语言时往往表现出被动接受而非主动建构的特点，导致语言运用流于形式，缺乏实际的深度和创新性。

　　从认知学习理论的角度来看，知识的获取不是对信息的简单记忆和再现，而是一个动态的、持续的认知建构过程。在面对新的语言知识时，如果英语学习者不能将其与已有的知识体系和生活经验相结合，那么这种学习很可能是孤立的、无效的。新知与旧知的联结是学习者对新信息进行理解、组织和内化的关键步骤，只有通过有效的关联，学习者才能够在不断的语言实践中形成对语言使用的深层次理解并灵活地运用所学知识。个人的感知和体验不仅影响学习效果，还直接关系语言学习的自主性和创造性。迁移性学习强调的是学习者能够将已掌握的知识在新的情境中加以运用，通过类比和推理解决实际问题。

---

① 焦尔当. 学习的本质［M］. 杭零，译. 上海：华东师范大学出版社，2015：82.

如果学习者在课堂上学到的语言知识不能融入真实的语言情境，就无法通过实践来检验和应用，最终将停留在理论层面，难以转化为实践能力。语言学习本质上是一个构建意义的过程，学习者通过积极的思考和联想，主动地将所学内容融入自己的认知体系，形成对语言的深刻理解。因此，语言学习的有效性不仅取决于教师的教学方法，还与学习者自身的认知活动密切相关。每个学习者都有自己独特的学习经验和背景知识，这些因素对新知识的理解和吸收起着至关重要的作用。如果学习者能够主动将新知与已有的知识体系进行有意义的整合，便能够实现语言学习的内化与提升；相反，如果学习者忽视了这一过程，语言知识便会沦为孤立的、割裂的碎片，无法形成整体性的理解和运用。

（三）形式化的实践活动束缚学生的身体参与

当前英语学科实践活动流于形式的现象颇为普遍，这是多方面因素交织的结果。首先，从外在物质条件来看，英语学科实践活动的实施往往受限于学校的教育资源配置。在教育资源相对匮乏的地区或学校，由于教室空间狭小、教学设施陈旧，难以提供符合英语学科实践活动需求的开放性和互动性环境。在这样的物质条件下，实践活动被迫压缩在拥挤的教室内进行，学生缺乏足够的空间进行角色扮演、小组讨论等互动性强的学习活动，导致实践活动流于形式，难以激发学生的学习兴趣和积极性。此外，语言实验室等现代化教学辅助工具的缺乏也限制了实践活动的多样性和创新性，使得实践活动难以达到预期的教学效果。其次，教师的教学习惯对英语学科实践活动的影响同样不容忽视。在长期的教学实践中，部分教师形成了固定的教学模式和习惯，倾向于采用传统的讲授法，而忽视了实践活动的价值和意义。这些教师可能认为实践活动组织难度大、耗时长，且效果难以即时显现，因此更愿意沿用熟悉的教学方法，以确保教学进度和课堂秩序。在这种教学习惯的驱使下，即便学校提供了良好的物质条件，实践活动也可能因教师的抵触情绪或缺乏创新动力而流于形式，无法真正促进学生的有意义学习。最后，英语学科实践活动流于形式还缘于弱情境或无情境的教学环境。语言是交流的工具，英语学习离不开真实的语言情境。然而，在当前的教学实践中，由于时间、空间等条件的限制，许多实践活动被剥离了真实的语言情境，仅在抽象的语言知识层面进行操练。缺乏情境支撑的学习活动难以激发学生的语言运用能力和跨文化交际意识，导致实践活动变成机械的语言练习，失去了其应有的教育价值。

在英语课堂教学中，学生的学习活动往往以听觉和视觉的接受为主，即通过倾听教师的讲解、阅读或观看教学材料以及内心的思索来进行学习。从表面上看，虽然这种模式符合传统的知识传递方式，但在实际效果上存在一些问题，身体的参与度被忽视容易导致学生的整体学习体验有所缺失。身体是人类认知和感知世界的重要媒介，在语言学习过程中扮演着关键角色。然而，当课堂活动过度依赖单一的感官输入时，身体的作用被遗忘，学生的学习状态变得单一和被动，他们无法充分调动身体感知与思维的互动。在这种情况下，学生的思维容易陷入不稳定的状态，难以保持有序的逻辑性和连贯性。首先，过度依赖静态的学习模式会让学生的注意力难以长时间集中，尤其在现代教育环境中，学生的学习需求和方式已经变得多样化，缺乏身体的参与不仅意味着学习方式的单一性，还可能导致学习效率的下降。身体的沉寂意味着学生缺少动态的情境体验，而这种情境体验正是语言学习中不可或缺的一部分。语言的习得不仅依赖大脑的逻辑推理，还依赖感官和身体的互动。在没有身体参与的情况下，学生的思维变得松散和缺乏方向感，这种无序的思维状态使得学生仅仅停留在表面的字词记忆或机械的语法规则运用上，难以真正理解和内化语言知识。其次，在缺乏具体实践和互动的支撑下，学生的思维可能脱离实际的学习情境，构建出一些与学习内容并不相关的思维路径或幻想，从而导致学习的目标和内容模糊化。这不仅影响了学生对语言知识的实际掌握，也削弱了其在真实语言环境中的应用能力。

虽然英语学科实践活动旨在通过实际应用提升学生的语言运用能力与综合素养，但活动过程中的安全性与秩序性同样不容忽视。在实践活动的设计与实施过程中，教师往往会基于对学生安全的考虑，对活动的每一个环节进行周密规划，确保学生在参与过程中能够遵循既定的安全规范与纪律要求。对安全与纪律的强调虽然在一定程度上保障了活动的顺利进行，但不可避免地限制了学生自由探索与自主发挥的空间，使得学生在实践中更多地表现为对教师指令的被动执行，而非主动创造。在当前的教育体制下，学校教学时间有限，而教学任务繁重，如何在有限的时间内高效完成既定的教学目标成为教师面临的一大挑战。在英语学科实践活动中，为了确保活动能够覆盖所有预定的知识点，达到既定的教学效果，教师往往会对活动的流程与内容进行严格控制，要求学生按照预设的步骤与要求进行操作。这种实践模式虽然能够提高教学效率，保证教学任务的顺利完成，但忽视了学生在实践过程中的个性化需求与创造性思维的培养。在这样的教学环境下，学生往往缺乏足够的时间与空间去深入思考、尝试不同的解决方案，从而难以在实践中真正锻炼和提升自己的英语综合运用能力。

形式化的英语学科实践活动不仅束缚了学生的身体，更压制了他们的情感、思想、精神和心灵。英语学科是一个语言与文化交织的领域，应是为学生提供情感共鸣的场所，使他们能够通过语言表达自我。然而，形式化的实践活动往往以标准化的方式进行，忽视了学生个体的情感需求。这不仅影响了他们的学习兴趣，也使他们在课堂上无法形成与语言及其背后文化的深层次联结。情感上的隔离感使得学生在参与这些活动时仅仅是为了完成任务，而非出于对语言文化学习的真正热爱。形式化的实践活动操作流程单一、僵化，往往忽视对学生思维能力的激发，学生在参与这些活动时只能机械地遵循教师或教材的指令，缺乏自主思考和批判性思维的空间。这不仅限制了学生对语言的深层次理解，而且抑制了他们在面对问题时提出创新性解决方案的能力。长期参与此类实践活动，学生的精神世界难免趋于固化，缺乏应对复杂现实世界的灵活性和创造性。在精神与心灵层面，形式化的教学实践忽视了对学生内在精神世界的滋养和心灵成长的引导。语言不仅是文化的载体，也是情感的桥梁，它应当成为学生探索世界、理解自我、实现精神成长的重要途径。然而，在形式化的学科实践中，语言学习被简化为单一的技能训练，忽视了其背后的文化意蕴和人文精神。学生被剥夺了在语言学习中体验文化多样性、感悟人生哲理、培养审美情趣的机会，他们的精神世界因此变得贫瘠，心灵成长也受到限制。

此外，形式化的实践活动还极大抑制了学生的想象力和创造力。英语学习是学生通过语言探索世界、理解文化差异、激发创新思维的重要途径，然而，在形式化的实践活动中，学生的创造力往往被局限于某些预设的答案或固定模式，他们在解决问题时更多依赖既有的模式和路径，缺少自由发挥的空间。对创新能力的压制导致学生无法在学习过程中充分发挥自己的潜力，限制了他们将所学知识应用于实际生活中的能力。当实践活动变成了固定模式下的机械操作，学生无法从中提炼出新的认知和思考，知识的价值扩展和衍生也就随之失去了基础。学生在实践中难以发现问题、提出问题，也就无法通过解决问题来深化对知识的理解，缺乏价值扩展的实践活动不仅无法帮助学生提升学科能力，而且会让他们陷入知识的表面化和工具化操作的循环之中。

（四）单一的评价方式限制学生的身心表达

在当前初中英语学科的教学评价体系中，实践评价是衡量学生学习成效与综合能力的重要环节，其实施现状与理想状态之间仍存在较大差距，评价过程中过分强调对学生心理层面如认知能力、思维逻辑的考查，而忽视了对学生身体力行、实践操作能力的评估。这种倾向导致了评价体系的失衡，未能全面反映学生的综合语言运用能力。学生不仅在口语表达、听力理解等方面需要得到评价，其在实际情境中运用英语进行交际的能力同样重要，而这部分内容往往在当前的评价体系中被边缘化。此外，形式单一也是当前英语学科实践评价中的一个突出问题。现有的评价方式多依赖传统的笔试和标准化的测试，缺乏多样化的评价手段和工具，这种单一的评价形式既限制了对学生多方面能力的全面考量，也难以激发学生的学习兴趣和积极性。因此，探索多元化、综合性的评价方式以更全面地评价学生的英语学科实践能力成为当前英语教育改革中亟待解决的重要议题。

学科实践不是简单的知识应用或技能训练，而是深层次的、以问题解决为导向的学习过程，要求学生能够在真实或模拟的情境中运用所学知识解决实际问题，从而培养批判性思维、创新能力以及跨学科合作能力。然而，由于传统教学观念的影响及对新理念接受程度的差异，不少教师仍倾向于将学科实践视为传统教学活动的补充，未能充分挖掘其内在价值与潜力。评价是教学活动的重要组成部分，它不仅能够反映学生的学习成效，还能够为教学改进提供重要依据。然而，在学科实践的评价方面，教师往往缺乏系统的评价体系与明确的评价标准，容易陷入凭借个人经验进行主观判断的误区。许多教师往往会沿用以往的评价方式，忽视了学科实践特有的评价维度与要求。这种做法不仅无法准确反映学生在学科实践中的真实表现与成长，也难以有效激发学生的积极性与创造力，从而影响了学科实践教育目标的达成。虽然强化知识识记和技能掌握的评价方式能够在一定程度上反映学生对所学语言知识的掌握情况，但它往往过度关注对静态知识的评估，而忽视了语言作为一种动态交际工具的特点。英语是一门实践性很强的学科，其教学目的不仅在于让学生掌握语言的形式与结构，更重要的是培养学生在真实情境中运用英语进行交流和表达的能力。然而，传统的纸笔测评往往无法全面、有效地反映学生的实际语言运用能力。学生可能在测试中表现出较强的应试能力，能够迅速记住并再现语言知识，但这种能力未必能够在实际的语言交际场合中得到有效应用。因此，过于依赖专项测试和纸笔测评可能导致学生在英语学习中重视知识记忆而忽视语言实践，进而影响其语言综合运用能力的提升。此外，这种以知识识记为主的评价方式还可能对学生的学习动机和态度产生负面影响。由于测试重点在于对语言知识的记忆和技能的机械掌握，学生的学习过程往往以应试为导向，导致英语学习逐渐失去趣味性和实际意义。学生为了取得好成绩，可能倾向于采取背诵、机械练习等方式来应对考试，而忽视了语言学习的实际应用和创新性发展。

终结性评价是在学习活动结束后通过特定的评价手段对学生的学习成果进行的一次性、总结性判定。这种评价方式因操作简便、标准统一而广受青睐，尤其在大规模的教育评估中，其效率优势尤为突出。然而，当终结性评价成为教学评价的主导时，其固有的局限性便逐渐显露出来。在英语学科实践活动中，这种局限性主要体现在评价内容的单一化与片面化上。具体而言，评价往往聚焦学生最终呈现的语言技能或知识掌握程度，如词汇量的大小、语法结构的准确性、阅读理解的速度与深度等，而忽视了学生在学习过程中所经历的探索、尝试、反思与修正等一系列复杂而丰富的认知活动。在这一评价导向下，常见的评价内容往往局限于学生学习的最终成果，如一份考试试卷的分数、一次口语测试的等级、一篇写作作业的评分等。这些评价指标虽然能够在一定程度上反映学生的学习成效，但无法全面揭示学生在学习过程中的努力程度、策略运用、情感态度及创新能力等多方面的发展变化。重结果、轻过程的评价倾向不仅不利于学生综合素养的全面提升，还可能对学生的学习动力与兴趣造成负面影响。在学习过程中，学生遇到的困难、产生的疑惑、采取的策略以及获得的启示都是其成长道路上宝贵的财富，这些过程性的经历与体验对于学生形成积极的学习态度、培养解决问题的能力、激发创新思维具有不可替代的作用。然而，在终结性评价的主导下，这些过程性的因素往往被忽视或遗忘，学生被简单地划分为"成功"或"失败"两类，他们在学习过程中所付出的努力与取得的进步被忽略了。此外，重结果、轻过程的评价还可能导致教学策略的单一化与僵化。为了追求高分或优异的评价结果，教师可能倾向于采用机械训练、题海战术等应试策略，而忽视了对学生学习兴趣、学习方法及个性化需求的关注与培养。这种教学方式不仅无法有效提升学生的综合素养，还可能抑制学生的创造力与想象力，使教育陷入一种功利化、短视化的困境。

当前的初中英语学科实践往往过于注重知识传授与技能训练，而忽视了学生在学习过程中的主体性与能动性，学生是否积极投入、是否主动思考、是否乐于合作等参与状态也应该是衡量学习质量的重要指标。然而，在实际操作中，由于评价体系的单一化，往往仅依据考试成绩或作业完成情况来评判学生的学习成效，忽略了对学生学习态度的考查，导致部分学生即便在课堂上表现沉闷、缺乏互动，也能通过考前突击获得不错的分数，从而掩盖其学习参与度的真实情况，这不仅不利于激发学生的学习兴趣与内在动力，也难以促进其自主学习能力的形成。行为表现是学生在学科实践中的外显反应，往往也是在评价中被忽略的一个重要方面。学生的行为表现不仅可以反映其对知识的理解与掌握程度，也可以反映其对课堂内容的态度和情感投入。但现有的评价方式大多停留在对学习结果的评估上，而未能在过程性评价中有效捕捉学生的行为变化。这样的评价缺陷容易导致教师错过及时介入并帮助学生改进行为的机会，从而对学科实践的整体质量产生不利影响。语言学习是一个不断解决问题的过程，学生需要通过语言工具应对各种交际任务和情境挑战，但在现实的英语学科实践中，评价往往只关注语言知识的掌握和技能的熟练度，而忽视了学生在实际问题解决中的思维过程、创新能力和应变技巧。单一的评价取向忽略了学生的创造性思维和综合能力的发展，不利于培养他们在复杂的真实情境中运用语言的能力。语言学习的过程既是认知能力发展的过程，也是情感体验的过程，学生在学习中所产生的情感反应，例如兴趣、成就感、挫折感等，直接影响其学习动机和长期的学习效果。然而，目前的评价方式更多地注重知识性目标的达成，对学生的情感变化缺乏系统的观察和分析。情感是推动学习行为的重要动力，一旦在评价中被忽视，可能导致学生在学习过程中逐渐失去兴趣和动力，甚至对英语学习产生抵触情绪。核心素养的培养不仅依赖知识的积累和技能的提升，更需要通过多维度的评价体系来促进学生在认知、行为、情感等多方面的全面发展。

第二节 初中英语学科实践的困境成因

强化学科实践是提升学生学科素养与综合能力的重要手段，尽管学科实践的实施目标具有广泛的理论共识，但仍然"可能遭遇多重路径依赖、深层资源依赖，引发来自应试传统的抵制，并且学科实践概念含义较为模糊，容易导致实施过程中的诸多困难"①。英语学科实践概念内涵模糊，且面临多重传统束缚、多方资源限制以及应试教育的抵制，这是造成初中英语学科实践困境的主要原因。

---

① 刘长海，邓易，李海龙. 义务教育阶段强化学科实践的正当性、阻碍因素与实施路径 [J]. 教育科学研究，2023（4）：26-32.

一、英语学科实践概念内涵的模糊性

学科实践概念内涵的模糊性不仅给理论研究带来了挑战，也给实践操作带来了诸多困惑，在初中英语学科中，如何科学、有效地开展学科实践成为教师和教育工作者普遍面临的难题。就初中英语学科而言，开展学科实践的纲领性文件无疑是教育部制定的《义务教育课程方案（2022年版）》以及《义务教育英语课程标准（2022年版）》。然而，"学科实践"这一术语在《义务教育课程方案（2022年版）》中仅出现过一次："强化学科实践。注重'做中学'，引导学生参与学科探究活动，经历发现问题、解决问题、建构知识、运用知识的过程，体会学科思想方法。加强知识学习与学生经验、现实生活、社会实践之间的联系，注重真实情境的创设，增强学生认识真实世界、解决真实问题的能力。"[①] 这一简单的陈述虽然对学科实践的部分操作过程进行了概括，强调了"做中学"的教育理念和通过实践建构知识的思路，但并未提供一个明确的、操作性强的学科实践定义，其描述更多的是对学科实践的一种功能性说明，而非对其概念本身的明确定义。它强调了学科实践的重要性及其在学生认知发展中的作用，但对于具体如何开展学科实践、如何将理论与实践相结合，以及如何在课堂教学中操作等问题却并未做出详细解释。这使得教师在实际操作过程中往往不得不自行摸索，导致学科实践的实施效果参差不齐。更令人费解的是，《义务教育英语课程标准（2022年版）》中并未出现"学科

---

① 中华人民共和国教育部. 义务教育课程方案（2022年版）[M]. 北京：北京师范大学出版社，2022：14.

实践"的具体表述，而是以"语言实践活动"① "英语实践活动"②
"应用实践"③ "英语综合实践活动"④ 等表述出现，且均未对上述概念做进一步说明。这些表述并未得到有效区分，导致实践者在具体操作中对于这些概念的理解和实施产生了诸多困惑。例如，"语言实践活动"和"英语实践活动"是否可以等同？它们与"学科实践"有何不同？这些问题在新课标中未有清晰的说明和界定，各个术语的表述中也没有进一步明确这些实践活动的具体内容和实施方法。这种概念的模糊性不仅让教师难以理解新课标的真实意图，还可能在实际教学中造成教学目标和教学手段的不协调，进而影响教学效果。

学科实践作为一个跨越理论与实践、知识与技能的核心概念，应予以明确界定。然而，从目前的课程方案和课程标准来看，对于如何具体实施英语学科实践活动，文件并未给出明确的操作指南。学科实践的模糊性不仅影响了教学的规范化和统一性，也给实践的深入开展带来了阻碍。教育部的相关政策文件虽然在一定程度上为学科实践提供了方向性的指导，但由于缺乏对关键术语的精确定义，导致学科实践在执行上出现偏差。教师在设计学科实践活动时常常依赖个人经验和理解，而非依赖统一的理论框架和操作标准，这种现象导致学科实践的实施效果在不同地区、不同学校之间呈现出高度的异质性，难以

---

① 中华人民共和国教育部. 义务教育英语课程标准（2022 年版）［S］. 北京：北京师范大学出版社，2022：5.

② 中华人民共和国教育部. 义务教育英语课程标准（2022 年版）［S］. 北京：北京师范大学出版社，2022：10.

③ 中华人民共和国教育部. 义务教育英语课程标准（2022 年版）［S］. 北京：北京师范大学出版社，2022：12.

④ 中华人民共和国教育部. 义务教育英语课程标准（2022 年版）［S］. 北京：北京师范大学出版社，2022：41.

形成全国范围内的教学质量提升共识。"学科实践"一词在理论上的不清晰使得实践者在具体实施时往往会将其与其他类型的实践活动混淆，导致学科实践在实施中的异化。许多教师在具体操作时倾向于将学科实践简单地等同于一些常规的教学活动，而忽视了学科实践背后所承载的更深层次的学科思想、方法论训练和学生能力培养。这种操作上的简化不仅削弱了学科实践应有的教育价值，也偏离了课程方案和课程标准中所设定的教学目标。在英语学科中，实践更多地涉及语言能力、文化意识、思维品质和学习能力等方面的核心素养的培养，如何通过探究的方式让学生在这些方面得到提升是英语学科实践面临的主要困境之一。

"学科实践"模糊的概念反映了当前课程标准在理论设计与实践操作之间的脱节。学科实践作为一种教育理念，其核心在于让学生通过实际的操作和探究亲身体验学科知识的生成过程。然而，在英语教学中，将这种理念真正落实到教学活动中依然存在诸多现实障碍。英语学科实践与其他学科的实践有着显著不同。英语本身是一个工具性学科，其学习过程更依赖持续的练习和语言输入输出的反复操作。如何通过"做中学"来增强学生的语言技能实际上并不像自然科学学科那样可以通过实验和探究来完成。语言的实践更多体现在交际活动中，学生需要在真实的交流情境下不断锻炼语言运用能力，这样的活动设计不仅要求教师具备较强的创新能力，还需要教学资源的支持。首先是教师的专业能力问题，由于学科实践本身涉及较为复杂的学科知识体系和实践操作，教师在教学设计和课堂实施中需要具备较强的专业能力和较高的跨学科素养。然而，现实中的教师专业发展培训往往偏重教学法、班级管理等方面的内容，而对于如何在实际教学中融合学科实践、如何设计有效的学科实践活动的培训相对缺乏。其次是时间和资源的限制，学科实践通常要求教师设计复杂的实践活动，而这种活动往往需要更多的时间和资源。然而，初中阶段的课程时间安排较为紧张，英语学科教学任务繁重，要求学生掌握较多的语言知识和技能，在这种情况下，教师往往难以抽出足够的时间来设计和实施有效的学科实践活动，甚至有些教师可能会因为担心进度问题而选择回避这种教学形式。

二、英语学科实践面临多重传统束缚

英语学科实践主张"做中学"，强调通过动手实践、互动和体验式学习来促进学生对知识的理解和应用能力的提高。学生是学习的主体，通过在实际语言情境中的实践与应用，他们能够加深对语言知识的理解，提高在真实交流场景中的语言运用能力。学习既是获取知识的过程，也是通过体验和互动将知识内化的过程。相较于单纯的知识传授，"做中学"更关注的是学生的学习体验和他们在学习过程中的主动性。通过"做中学"，学生能够将所学知识灵活运用于各种真实情境中，培养综合语言运用能力。然而，当前初中英语教师在教学实践中习惯以教师为中心，学生成为被动的知识接受者。教师通过讲解语法规则、词汇及阅读材料来传递知识，学生则通过做笔记、背诵等方式被动接受。这种方法虽然在短期内可以帮助学生掌握一定的语言知识，但忽视了学生在语言学习中的主体地位，学生在实际语言运用中缺乏足够的实践机会。语言学习需要通过反复使用和实践来巩固，而不是通过单纯的知识传授来掌握，以教师为中心的英语教学可能导致学生在口语表达和听力理解等实际交际能力方面的发展受到限制。此外，以教师为中心的英语教学方式限制了课堂上的互动和合作学习机会。在语言学习中，互动和合作是不可或缺的部分，不仅能够帮助学生在实际交流中提升语言能力，还有助于学生通过互相学习促进对知识的理解和记忆。然而，传统的教师主导的讲授模式使得学生缺乏在课堂上进行互动和实践的机会，导致他们在语言的实际运用中缺乏自信和经验，这与"做中学"所强调的通过实践学习语言的理念背道而驰，最终可能影响学生的学习效果。

英语学科实践实际上赋予了教师更多的主动权和责任，要求其具备较高的教学素养以及较强的创新能力，能够在既有的课程框架内进行多样化的实践探索，从而有效促进学生语言能力和综合素质的全面发展。然而，当前许多初中英语教师往往倾向于依赖教材进行机械化的教学操作，视教材为唯一的教学依据。这种照本宣科的教学方式实际上削弱了教师在课程实施中的创造力和自主性，使得英语教学在很大程度上成为对教科书内容的简单复述与传递，忽视了课程目标的多样性与学生个体差异。作为教学资源的一部分，教材固然是教学活动的重要载体，但并不能替代教师的教学设计。教师在教学实践中往往缺乏对教材以外资源的充分利用，忽略了课程目标的拓展性和课堂情境的复杂性，这不仅限制了教学的深度与广度，也在一定程度上影响了学生语言综合运用能力的发展。

英语学科实践是一种综合性、开放性的学习模式，旨在培养学生在真实语境中运用英语的能力，通过实际的语言应用活动，使学生能够在多样化的场景中提升英语语言能力。学生可以通过项目学习、课外活动、虚拟交流等多种方式利用课堂、课外时间和场景进行深度的语言学习和交流，打破传统教学在空间和时间上的束缚。这种跨越时空的学习方式不仅有助于学生提升语言能力，也有利于他们在复杂的全球化背景下发展适应未来社会的多种素养。然而，尽管英语学科实践为学生提供了更广泛的学习机会和自主发展的空间，但初中英语教师的教学习惯仍然深受传统课堂模式的影响，他们往往习惯于根据课表安排在固定的教室内上课，在很大程度上依赖传统的班级管理和学校的规章制度。每节课通常在固定的课时内进行，并由铃声作为时间的界定，这种固定的教学节奏和时间框架使得教师在设计教学活动时更加注重时间管理和课堂纪律，而对跨越课时和空间的学科实践则相对缺乏灵活性和适应性。教师通常会根据既定的教学计划和教科书内容进行知识传授，课堂上更多关注学生语言知识的积累，而非实践能力的培养，这在某种程度上限制了英语学科实践的实施和推广，因为学科实践要求教师具备较强的课程整合能力以及能够有效利用课外资源的能力。

英语学科实践是一种创新的教学模式，不再局限于传统的语言技能训练，而是将语言学习置于一个更为广阔的知识背景。初中英语教师需要具备跨学科的知识视野，能够引导学生将英语学习与科学、历史、地理、文化等多个领域的知识相结合，培养学生的综合素养与跨文化交际能力，然而，当前的初中英语教学仍然存在较多与这一理念不匹配的现象。许多初中英语教师依旧习惯于单科教学的方式，他们倾向于将英语教学视为一个封闭的、独立的知识传授过程，过于注重语法、词汇和语言结构的讲授，较少涉及其他学科的内容，这种局限性可能源于多种因素。首先，英语教师的专业背景往往集中于语言学或英语教育学领域，其缺乏其他学科的知识储备，这导致他们在设计跨学科教学活动时感到无从下手，或者不愿意尝试跨学科教学设计。其次，当前的教学评价体系未能有效地激励教师在教学中融入多学科的内容。初中英语考试仍然主要关注语言能力的测试，而对学生的跨学科思维、综合应用能力的评价相对较少，这使得教师更倾向于单纯的语言教学，以便帮助学生在考试中取得好成绩，而忽视了多学科融合的教育目标。此外，初中英语教师的教学实践还普遍存在"单打独斗"的现象，教师个人在教学活动中承担了大部分的教学设计、实施和评价任务，缺乏与其他学科教师的合作。这种现象进一步限制了多学科知识的融合，因为有效的跨学科教学通常需要不同学科教师之间的密切合作。例如，要在英语课上融入科学、历史或地理等学科的知识，英语教师不仅需要具备相关学科的基本知识，还需要与其他学科教师共同协作，设计出既符合英语教学目标又能促进其他学科知识理解的教学活动。然而，现有的学校体制和教师工作负担使得这种跨学科合作难以实现，教师们通常面临较大的工作压力，承担备课、批改作业、辅导学生等繁重的教学任务，缺乏时间和精力与其他学科教师进行深入的合作。

三、英语学科实践面临多方资源限制

相较于传统教育体系中以书桌、黑板、教室为基本构成元素的封闭环境，英语学科实践对教育资源的需求更为多元，这不仅体现在物质资源的丰富性上，更涉及人力资源的优化配置、教学场景的多元化拓展、学习工具的现代化革新以及教学管理的灵活调整等多个维度。首先，英语学科实践的开展需要更为复杂的师资力量配置。传统的英语教学往往依赖单一的主讲教师，其在课堂上扮演着知识传授者的角色，而学生则被动地接收信息。然而，当英语教学转向解决真实问题的实践活动时，单靠一名主讲教师已经不足以应对所有教学需求，于是，助教的角色变得不可或缺。助教不仅是课堂上教师的辅助力量，还在实践活动中起到了关键的指导作用。他们需要负责指导学生分组进行实际操作，帮助学生更好地掌握语言知识的应用，并在整个过程中保障学生的安全。这意味着教师不再是单一的个体，而是一个协同合作的教学团队，以确保每个学生在实际操作中的参与度和学习效果。此外，由于实践活动的复杂性和多样性，助教的数量和素质也成为影响教学效果的重要因素。助教需要在具体情境中具备较强的应变能力和指导能力，这要求学校和教育机构在师资配备上进行更为精细的管理和资源调配。其次，英语学科实践对教学场景提出了新的要求。传统的课堂教学主要发生在固定的教室中，学生在书桌前通过听讲和做笔记来接收知识。然而，当教学内容转向解决真实问题时，单靠教室这一物理空间已无法满足需求。实践型教学强调跨文化沟通与交流，这意味着教学场景需要从封闭的教室延展到开放的真实世界。具体而言，师生需要进入特定的跨文化交流场所，并将这些并非以实施教育为出发点的场所转化为教学场景。情境化的教学模式有助于学生在真实的语言环境中应用英语语言，而不仅仅是停留在理论知识的学习上。同时，这也意味着教学场所的多元化和灵活性大大增强，教育资源的配置不再局限于校园内的教室和设施，而是需要拓展到社会中的各类场所。这些场所并非为教学而设计，也不是传统意义上的教室，但可以为学生提供真实的语言实践机会，使学生能够在实际的语言环境中进行跨文化交流。这对学校的教学管理提出了更高的要求，如何协调和管理这些教学场所、如何确保这些场所适合教育的需求是学校和教师在开展学科实践时需要考虑的重要因素。再次，学习工具的革新也是英语学科实践不可或缺的一部分。在传统教学中，纸和笔是学生学习的主要工具，而在学科实践的语境下，这些传统工具已难以满足学生学习的需求。为了适应解决真实问题的需要，学生可能需要掌握并使用各类语言实践工具，如在线翻译软件、语音识别系统、跨文化交流平台等。这些工具不仅能够辅助学生完成语言学习任务，还能够帮助他们高效地获取信息、处理数据、展示成果，从而在实践中锻炼自主学习能力。此外，随着人工智能技术的发展，智能化学习系统的引入也为英语学科实践提供了新的可能，通过大数据分析学生的学习行为并为每位学生定制个性化的学习路径，可以进一步提高教学效率与学习成效。最后，英语学科实践的开展还涉及时间和空间上的灵活性。不同于传统课堂严格的课时安排和固定的上课地点，实践型教学往往需要根据实际情况灵活调整课时和教学安排。例如，为了完成一次跨文化交流活动，学生和教师可能需要调整原定的课程安排，将课时进行适当延展，以适应实践活动的时间需求。

当前初中英语学科实践的推进面临着诸多挑战，这些挑战严重影响了学科实践的有效开展。首先，学科实践经验和师资力量是影响初中英语学科实践质量的关键因素。优秀的英语教师不仅要具备扎实的语言功底和教学理论知识，还要拥有丰富的实践经验，以便指导学生将课堂所学应用于实际情境，促进学生语言技能的全面发展。然而，现实情况是许多学校的英语教师队伍中具备丰富的学科实践指导经验的教师比例不高。由于许多教师在学术背景和职业培训过程中缺乏系统的实践教学经验，他们在实际教学中无法充分设计和实施有效的学科实践活动。这一现状直接导致学科实践活动的开展缺乏专业引领，难以达到预期的教学效果。此外，由于师资力量有限，教师往往需要承担繁重的教学任务，难以抽出时间和精力进行深入的学科实践研究与设计，进而影响了学科实践活动的创新性和有效性。其次，实践实训场所的缺位也是制约初中英语学科实践发展的重要因素。学科实践要求学生能够在接近真实或模拟真实的语言环境中进行听、说、读、写等综合技能的训练，学以致用。然而，许多学校由于场地、设施等条件的限制，无法为学生提供足够的实践空间。传统的教室环境难以满足学科实践对情境模拟、角色扮演等互动性强的教学需求，而校外实践基地的建设和合作又受到资金、安全、管理等多方面因素的制约，这使得学科实践活动的实施举步维艰。再次，课时有限是初中英语学科实践面临的又一现实困境。在现有的课程体系中，虽然英语学科占据了一定的比重，但用于学科实践的课时往往被挤压在有限的教学时间内，教师在安排学科实践活动时，不得不面临时间紧迫、内容压缩的困境，难以保证实践活动的系统性和深度。同时，学生也因为在短时间内需要掌握大量知识而缺乏足够的时间去消化、吸收并将其应用于实践中，从而影响学科实践的效果。最后，经费紧张是制约初中英语学科实践开展的又一重要因素。学科实践活动的开展需要一定的物质基础和资金支持，包括教学材料的购置、实践场所的租赁、专家的邀请等，然而，许多学校由于经费有限，难以在学科实践上投入足够的资源。特别是在一些经济欠发达地区，教育经费的紧张状况更为突出，学校往往只能优先保障传统教学中基本的教学需求，而对于学科实践这样被误认为是"额外"的投入则显得力不从心。政府在教育资源配置上的不均衡以及社会力量参与教育事业的机制不健全，使得初中英语学科实践在获取外部支持时面临诸多困难，这不仅限制了学科实践活动的多样性和丰富性，也影响了教师开展学科实践的积极性和创新性。

四、英语学科实践面临应试教育的抵制

在传统的教育体系中，书本知识教学一直被视为教学的核心，在应试教育导向下，教师和学生都将大量的时间和精力投入课本内容的学习与掌握，目的在于通过考试取得优异成绩。英语学科实践是一种更加注重语言实际运用能力的教学方法，对于提升学生的综合素质和英语实际应用能力具有重要意义，但往往被视为对传统应试教育的一种冲击或威胁。

首先，强化英语学科实践需要教师重新调整教学时间的分配。传统的初中英语课堂教学往往以课本为主线，教学内容主要围绕语法、词汇、阅读理解等考试内容而展开。教师的教学目标也多集中于帮助学生应对即将到来的各类考试，如期中考试、期末考试及升学考试等。在以考试为导向的教育模式下，教师和学生普遍关注的焦点是如何在有限的时间内最大限度地提高考试成绩。而学科实践则要求教师设计更加多样化、富有创意的教学活动，如口语交流、项目合作、情境对话等，这需要占用课堂中相当一部分时间，实践活动的引入在某种程度上会缩减教师和学生用于书本知识的教学与学习时间。这一矛盾使许多教师在教学过程中不得不在传统的课堂教学与学科实践之间权衡取舍，在教育评价体系主要以考试成绩为标准的环境下，他们往往更倾向于前者。

其次，强化学科实践在一定程度上增大了教师的教学压力。学科实践不仅要求教师具备更高的教学设计能力，还要求他们花费更多的时间准备教学材料，组织实践活动，并在课堂中进行引导与反馈。这与传统的书本教学有着显著区别。传统的教学方式相对结构化，教师可以依赖已有的教材和教学计划，而学科实践则具有高度的开放性和不确定性，要求教师根据学生的具体情况灵活调整教学内容和形式。因此，教师在实践教学过程中需要付出更多的精力去创造一种有助于学生主动参与和深度学习的课堂氛围，这对于已经面临繁重教学任务的教师来说无疑是一种额外的负担。

最后，学生也可能对强化学科实践的方式产生抵触情绪。由于应试教育体制的影响，学生和家长普遍对考试成绩有着极高的期待，许多学生在日常学习中更加注重书本知识的积累和考试技巧的掌握，而对实践活动缺乏兴趣和动力。在这种情况下，学科实践往往被视为"无关紧要"或"浪费时间"，因为它不能在短时间内直接带来考试成绩的提高，这使得学生在参与学科实践时缺乏主动性，进而影响教学效果。教师在课堂上引入实践活动时可能遭遇学生的消极参与，甚至出现课堂管理难度加大的问题，这一现象进一步加剧了教师的压力，使他们在开展学科实践时更加犹豫不决。

应试教育的传统根深蒂固，强化初中英语学科实践不可避免地会遇到来自家长、学校和社会各方面的阻力。在应试教育模式下，考试成绩被视为衡量学生学习效果和教师教学水平的主要标准，家长和学校对于那些能够直接提高考试成绩的教学方式持肯定态度，而对于那些不能在短期内显现考试成绩提升效果的教学活动则持保留或怀疑态度。在这样的环境下，强化学科实践往往难以获得足够的支持和认可，特别是在升学压力较大的情况下，家长和学校更倾向于要求教师增加书本知识的讲解与复习，减少那些"无关紧要"的实践活动，这种观念上的固有偏见使得学科实践的推广和落实在现实操作中困难重重。

初中英语学科实践在追求提升学生核心素养的过程中注定需要经历与各种阻碍因素的长期博弈，而后才能在学校教育中占据稳固的地位，并真正发挥其应有的作用。首先，作业负担是影响学生学科实践的重要因素之一。当前，许多学校和教师为了应对升学压力，往往会给学生布置大量的英语作业，以期通过大量的练习提升学生的语言能力。然而，过重的作业负担不仅压缩了学生自主学习和思考的时间，还可能导致学生对英语学习产生抵触情绪。在这种状况下，虽然学生的语言知识得到了短期的积累，但不利于其综合素质与核心素养的全面提升。在英语学科中，语言能力的培养不仅是对词汇、语法等知识点的掌握，更应该注重听、说、读、写等多方面能力的综合发展，以及跨文化沟通能力的养成。然而，过多的机械化作业可能会削弱学生的自主学习能力，限制其思维品质和创新能力的发展。其次，考试压力也是影响初中英语学科实践的一个不容忽视的因素。在当前的应试教育体制下，英语考试成绩仍然是衡量学生学习效果的重要标准之一。为了应对考试，许多学校和教师在教学过程中更加注重应试技巧的传授，而忽视了对学生语言综合能力的培养，这种单一的评价标准使得学科实践在实际操作中常常偏离提升学生核心素养的初衷。英语学科实践本应注重语言的实际运用和跨文化交际能力的培养，但在考试压力的驱使下，许多教师更倾向于围绕考试内容进行教学，导致教学内容的局限性和单一性，这不仅不利于学生语言综合素质的提高，还可能削弱他们对英语学习的兴趣和积极性。

　　"双减"政策旨在减轻义务教育阶段学生过重的作业负担和校外培训负担，促进学生全面发展和健康成长。在初中英语学科实践的落实过程中，"双减"政策无疑提供了有力的支持，它有助于缓解学生的课业压力，使他们能够从繁重的应试训练中解放出来，将更多的时间和精力投入语言实际运用和综合素质的提升中。然而，尽管"双减"政策在一定程度上推动了初中英语学科实践的落实，但要确保其长远的有效性，单靠减少作业量和限制课外培训的措施仍然不够。政策的有效推行需要更多配套措施的支持，其中，考试评价制度的改革尤为关键。首先，当前的考试评价制度仍然是影响初中英语学科实践的重要因素。尽管"双减"政策减轻了学生的作业负担和校外补课的压力，但如果考试依旧以单一的标准化试题为主，且注重对词汇、语法等机械记忆的考查，教师和学生势必会继续将大量的时间和精力投入应试备考中。这样一来，英语学科实践中所强调的语言应用能力、交际能力、文化理解等核心素养便难以得到真正的落实。相反，如果考试评价制度能够更加灵活、多元化，并重视对学生英语综合运用能力的考查，如听、说、读、写能力的全面发展，学科实践的有效性将会得到更好的保障。因此，考试评价制度的改革应与"双减"政策同步推进，弱化对单一应试成绩的依赖，增强对学生实际语言能力的考查，为英语学科实践的深入开展提供有力的支持。其次，考试评价制度的改革还应包括对教学内容和方式的反思与调整。当前的评价体系过于注重结果，而忽视了过程性评价，这不仅使得教师在教学过程中倾向于追求考试成绩的提高，也使学生难以在学习过程中获得全面的语言能力提升。"双减"政策的落实为课堂教学改革提供了契机，但如果没有评价制度的配合，教师依然可能以应对考试为导向，难以充分发挥课堂教学的创造性和灵活性。相较于传统的纸笔测试，未来的评价体系应更加关注学生在学习过程中的语言运用情况，包括在实际生活中对语言的理解和表达能力。此外，评价方式可以更多元化，如采用口语测试、项目式学习成果展示等，激励学生在日常学习中更加主动地运用英语，促进语言学习的内化与迁移，从而真正实现学科实践学以致用的教学目标。

第五章　基于核心素养的初中英语学科实践的设计原理

本章根据基于核心素养的初中英语学科实践所呈现的实践特征、学科特征与教育特征，在进一步从学习理解、应用实践、迁移创新等维度分析初中英语学科实践的类型的基础上，探讨初中英语学科实践学思结合、学用结合、学创结合的运行机理。

第一节　基于核心素养的初中英语学科实践的特征呈现

学科实践是实践的重要方式，初中英语学科实践要彰显其实践特征；学科实践是专业的实践，初中英语学科实践要彰显其学科特征；学科实践是教育实践，初中英语学科实践要彰显其教学实践与学习实践特征。①

① 段兆兵. 实践育人：学科实践的真义辨析与路径选择 [J]. 当代教育科学，2023（12）：3-10.

一、英语学科实践的实践特征

（一）真实性

学科实践既是知识传授的延伸，也是连接学生学科知识与现实生活的桥梁，要"加强知识学习与学生经验、现实生活、社会实践之间的联系"[①]。学科实践必须摆脱传统的单向知识传递模式，转而构建一种互动、动态的学习环境，使学生成为知识的建构者和应用者。通过创设真实情境，教师能够将抽象的学科知识具象化，使其与学生的个人经验和现实生活相结合，这不仅有助于加深学生对知识的理解，还能提高他们解决实际问题的能力。真实情境的创设需要精心设计和规划，要求教师深入了解学生的认知特点和生活背景，并据此选择与之相关的实际问题或任务。这种设计思路符合建构主义学习理论的基本原理，即学习者通过与环境的互动主动建构知识体系。因此，在学科实践中，教师应当注重情境创设的真实性和相关性，使学生能够在真实的问题情境中运用所学知识解决实际问题，形成理论与实践的良性循环。此外，学科实践不仅仅是课堂内的活动，还应当延伸到学生的日常生活和社会实践中去。这就要求教师不仅关注学科知识的传授，还关注学生的全面发展。通过将学科知识与生活经验和社会实践相结合，学生能够在多元化的情境中检验和应用所学知识，从而形成跨学科综合素养，实践活动可以让学生在面对复杂多变的现实世界时具备

[①] 联合国教科文组织. 一起重新构想我们的未来：为教育打造新的社会契约［M］. 北京：教育科学出版社，2022：69.

更强的适应能力和解决问题的能力。然而，要实现这一目标，教师还需要应对一系列挑战。首先，传统的教育评价体系往往侧重学生对书本知识的掌握程度，而忽视了实践能力和创新精神的培养。这种评价体系容易导致教师在学科实践中偏重理论知识的传授，而忽视知识应用和实践能力的培养。因此，有必要对现行的评价体系进行改革，将实践能力和创新精神的培养纳入评价标准，以激励教师和学生在学科实践中更加注重知识与实践的结合。其次，教师在创设真实情境时往往面临资源不足、时间有限等现实困难。为解决这些问题，学校和教育主管部门需要加强资源的整合与配置，提供必要的支持和保障。同时，教师也需要提高自身的专业素养，提升创设真实情境和引导学生实践的能力，这就要求教师具备扎实的学科知识，并且能够将学生的需求和兴趣转化为有效的教学资源和活动。

初中英语教学要突出"实践出真知"理念在核心素养培养中的关键作用，把实践作为验证和深化理论知识的手段。实践不仅是知识的应用过程，也是英语学科知识通向核心素养的桥梁和纽带，能够将抽象的理论转化为实际的能力与观念，从而推动学生在实践中成长和成才。首先，英语学科实践不仅能够帮助学生掌握英语学科的基本知识和技能，还能够通过具体的实践活动提升学生的语言表达能力、文化理解能力以及跨文化交际能力等综合素质，这些素养不仅是学科知识的体现，也是学生适应社会、解决实际问题的重要能力。因此，实践活动既是英语教学的一个重要环节，也是促进学生全面发展的重要途径，通过在实践中不断探索和解决问题，学生能够在实际情境中检验和应用所学知识，进而在反思中提升自己的能力和素养。其次，英语学科实践活动在验证学科知识方面同样具有重要作用。在理论学习的过程中，学生常常难以直观地理解和掌握某些抽象的语言知识，而通过实践活动，学生能够将这些知识加以运用，从而加深对这些知识的理解和掌握。例如，通过英语口语练习、写作训练、跨文化交际等实践活动，学生能够在具体的语言使用过程中不断验证所学知识的正确性和适用性，进而在实践中发现自身知识的不足，并加以改进和完善。通过实践验证知识的过程有助于巩固学生的语言基础，激发学生的学习兴趣和主动性，促使他们在不断实践中探索新的知识和技能。最后，实践是将理论知识内化为个人能力和观念的重要途径，英语学科实践活动在学习者的能力和观念的形成与转化方面具有不可替代的价值。通过各种形式的实践活动，学生能够将抽象的语言知识转化为实际的语言运用能力，同时在实践过程中逐渐形成对语言、文化和跨文化交际的正确观念。能力和观念的形成并不能一蹴而就，而是一个在实践中不断积累和转化的过程，通过反复实践，学生能够在实际的语言使用情境中不断提高语言能力，形成对语言运用的信心和习惯，并逐渐树立起对不同文化的理解和尊重的意识。

为了更好地培养适应未来社会发展的国际化人才，英语课程的设计和实施应当紧密围绕真实性、实践性和生活性而展开，积极融入学生的实际生活与社会实践，通过具体情境中的语言运用来培养学生的核心素养。其中，真实性指的是课程内容和教学活动应该反映现实生活中的语言使用情境，使学生在学习过程中感受到语言学习的实际意义和应用价值。通过模拟或真实的交际情境，学生不仅可以掌握语言的基本知识，还可以在真实语境中体验和理解语言的多样性和复杂性，从而提高语言运用的准确性和流畅性，这有助于学生理解语言的社会功能，增强其在不同情境下使用语言的能力。实践性意味着英语教育不仅应当注重学生语言知识的积累，更应着力培养他们的语言实践能力。教师应当设计并组织各种操作性强的学习活动，以此来促使学生在真实语境中运用所学知识，发展语言交际能力和批判性思维。强调实践性能够帮助学生在不同的情境中运用英语进行交流和解决问题，打破课堂学习与现实生活的壁垒，使语言学习变得更加具有实效性和可操作性。生活性指的是课程内容应当贴近学生的生活经验和社会现实，通过引入日常生活中的话题和真实事件，使学生在熟悉的情境中进行语言学习。这不仅能够激发学生的学习兴趣，还能够让他们意识到语言学习与生活的密切联系，进而在日常生活中自觉地应用所学知识，形成良好的学习习惯。在教学过程中，教师可以利用与学生的生活经历相关的内容和活动来引导他们将课堂上学到的语言知识应用于实际生活中，进一步增强学习的主动性和积极性。通过将真实性、实践性和生活性的教学内容融入英语课程，可以帮助学生在学习过程中掌握语言的基本技能，并在实践中培养发现问题、分析问题和解决问题的关键能力，以及批判性思维和创新能力，使他们能够在复杂多变的社会环境中灵活应对各种挑战。

（二）常态化

作为人类对世界的深刻理解和认知成果，"真知"是经过长期的观察、体验、实践和反思所获得的，"一切真知都是从直接经验发源的"[1]。首先，直接经验是真知的基础，提供了感知和验证的源泉。学生在面对外界事物时，通过感官获取信息，并在此基础上进行思考和

———————

[1] 毛泽东. 毛泽东选集：第一卷 [M]. 北京：人民出版社，1991：288.

分析，经由直接接触和互动获得的信息来源真实可靠，是认识世界的第一手材料。其次，真知的获得依赖学生的直接经验以及这些经验的积累与升华。学生通过对日常生活和科学实践中的具体经验进行反思和总结，逐步形成对世界更为系统和深刻的理解。这个过程既涉及对经验的单纯记录，也需要对经验进行批判性分析和抽象，进而形成理论和规律。可以说，真知的产生是经验从量变到质变的过程，是学生不断积累经验并通过理性思考将其上升为普遍性知识的结果。最后，社会和文化背景对直接经验的解读和真知的形成也起着至关重要的作用。不同文化和社会背景下，学生的经验和认知模式可能有所不同，从而影响真知的内涵和表现形式。社会文化背景不仅为学生提供了认知的框架和工具，还通过教育、交流和知识传递的方式塑造了学生对经验的理解和知识的建构。因此，真知的形成既是学生经验的累积和升华，也是社会文化背景下多重因素共同作用的结果。认识不是孤立的思维活动，而是根植人类的社会存在和实践活动中，马克思主义哲学认为，人类对世界的认识并非源于纯粹的理性思考，而是在实践中不断产生、发展和深化的。实践不仅是认识的来源，还是检验认识真理性的唯一标准。"生活、实践的观点，应该是认识论的首要的和基本的观点。"① 人类的认识能力和思维方式是在改造自然、社会和自身的过程中逐步形成和发展的，实践活动的广度和深度决定了人类认识的广度和深度，认识的发展离不开实践的推动和验证。

学生核心素养的生成是一个长期且复杂的过程，不可能通过一次性或短期的学习活动来实现。英语学科核心素养的内涵不仅包括语言

---

① 中共中央马克思恩格斯列宁斯大林著作编译局. 列宁全集：第十八卷 [M]. 北京：人民出版社，1988：144.

能力，还涵盖了文化意识、思维品质以及学习能力等多个维度。这些素养的培养需要贯穿整个学习阶段，通过经常性的英语学科实践活动才能逐步内化为学习者的关键能力。语言能力不仅包括词汇量的积累和语法规则的掌握，还包括在实际交流情境中灵活运用语言的能力。学生语言能力的形成需要经过反复的语言实践和持续的输入与输出活动，特别是在真实情境中进行的听、说、读、写综合练习。学科实践活动不仅能够提高学习者对语言形式的敏感性，还能够增强他们在不同语境中准确传达和理解信息的能力。文化意识是英语学习的重要组成部分，学习者不仅要掌握英语并将其作为语言工具，还要理解和尊重语言背后的文化内涵。文化意识的培养需要持续的学科实践活动作为支撑，学习者通过接触文学作品、新闻媒体、影视作品等多样化的英语文化材料，逐步形成对不同文化的理解和包容态度。常态化的文化意识培养不仅有助于提升学习者的跨文化交际能力，还能促进他们对世界多样性的理解和尊重，形成全球视野。思维品质的提升是英语学习过程中不可忽视的一个方面。英语学习既是语言形式的学习过程，也是逻辑思维、批判性思维和创造性思维的训练过程，通过分析、综合、推理、评价等高层次的认知活动，学习者能够逐步提升思维能力。这些能力的培养离不开经常性的英语学科实践活动，通过在英语学习中不断进行思维训练，学习者可以培养出严谨的逻辑思维能力，善于从不同角度分析问题，并且能够提出创新性的解决方案。学习能力也是英语学科核心素养的重要组成部分，包括自我调节、自主学习以及反思性学习的能力等方面。英语学习者需要在长期的学习过程中通过反复的学科实践活动不断调整和优化自己的学习策略和方法，逐步形成适合自身特点的学习模式以及培养终身学习的能力。教师应引导学生在学习过程中进行有效的反思与自我评价，通过多种方式鼓励学生进行自主学习与持续改进，在常态化的英语学科实践中逐步提升学生的核心素养。

二、英语学科实践的学科特征

（一）专业性

学科实践必须基于特定的学科立场、思维和方法，教师和教育设计者在规划和实施实践活动时应该深刻理解相应学科的基本理论、知识体系及其内在逻辑结构，帮助学生在真实情境的学科实践中不断加深对学科本质的理解，将学科知识转化为学生的关键能力，使学生能够灵活运用学科知识解决实际问题。学科实践的设计和实施要强调学科思维的培养，这些思维方式不仅是学生在学科学习中逐步形成的核心素养，也是其未来学术及职业发展的基础。学生在实践过程中通过有针对性的训练可以逐渐掌握并内化这些思维方式，使其成为自身认知的一部分，以便在以后的学习和生活中应对复杂多变的情境。此外，学科实践还必须充分发挥其育人功能。在开展学科实践的过程中，教师应当始终关注学生学科核心素养的形成，通过设计情境和任务，引导学生在解决问题的过程中树立正确的价值观，培养他们的社会责任感、团队合作意识以及创新精神，帮助他们形成健全的人格，使其成为全面发展的社会公民。核心素养是学生在未来社会中立足的重要能力，是他们应对复杂社会和职业挑战的关键所在，学科核心素养的培养不仅要求学生掌握学科知识，还要求他们具备自主学习能力、批判性思维、合作精神以及解决问题的能力，这些能力的培养应贯穿学科实践的全过程，使学生能够在不断的实践中逐步提高和完善自我。

英语学科实践是一个综合的过程，涉及思维、视野和方法的深度融合。要真正实现英语学科的育人价值，就必须在学科实践中运用英语学科特有的思维方式，这种思维方式不仅要求学生在使用语言时具备逻辑性和批判性，还要求他们能够从英语语言和文化的角度分析问题，并提出解决方案。英语学科的思维模式是培养学生跨文化理解能力的重要途径，有助于学生掌握语言并运用英语进行深入的思考和交流，要求学生在学习和运用英语的过程中能够主动进行反思和批判，从而不断提升自己的语言运用能力和文化理解能力。英语学科视野也很重要，通过英语学习，学生不仅掌握了一门外语，还拓宽了全球视野。通过对英语国家文化、社会以及历史的学习，学生能够更好地理解和适应全球化背景下的多元文化环境。全球视野的拓宽可以使学生在国际交流中更加自信和从容，为他们将来在全球化背景下的职业发展奠定基础。英语学科视野的拓宽要求学生超越语言本身，关注语言背后的文化和社会现象，在理解和运用语言的过程中形成全球意识和多元文化视角。英语学科探究方法是将英语学科的思维和视野转化为实际应用能力的关键，通过科学的探究方法，学生能够掌握系统的学习方法，从而在英语学习过程中不再停留在表层的语言模仿和记忆上，而是能够深入分析语言结构、语言现象以及其背后的文化因素。探究方法的掌握使得学生在面对复杂的语言材料时有能力进行独立的分析和判断，提出具有创新性的见解。通过探究，学生不仅能够深入理解英语语言的内部规律，还能够在实际应用中灵活运用这些规律，提升自己的语言表达能力和学习能力。

英语学科实践活动应以促进学生核心素养的形成为目标，而非仅仅局限于教材内容的传授。在教学过程中，教师需要超越对教材的依赖，将课程内容与实际生活情境紧密结合，帮助学生在真实情境中运用英语知识和技能。在英语教学中，教师应当创造各种真实或接近真实的情境，使学生能够在这些情境中进行语言实践，通过解决实际问题来提高对语言的理解和运用能力。教师在英语学科实践活动中扮演着引导者和促进者的角色，需要在教学过程中不断与学生互动，了解学生的需求和学习进度并调整教学策略。在互动过程中，教师应当注重培养学生的自主学习能力和批判性思维，使他们能够在面对复杂问题时具备独立思考和解决问题的能力。此外，在英语学科实践活动中，教材的功能应当从知识传授的工具转变为促进学生核心素养发展的资源。教材的内容应与学生的实际生活经验和社会背景相联系，使学生能够通过教材内容的学习和应用获得在真实情境中解决问题的能力。教材不是教学的唯一依据，而是教师和学生进行教学活动的起点和参考，通过教材内容的学习，学生能够在教师的引导下开展一系列有意义的学科实践活动，在实践中不断提升语言能力和核心素养。

（二）整合性

学科实践的整合并非简单地将不同学科的内容拼接在一起，而是通过更深层次的学科内容的重组与重建，形成具有内在逻辑和相互关联的知识体系。教师在设计和开展学科实践时必须打破传统学科的壁垒，重新思考各学科之间的联系与互动，将不同学科的知识点有机地融合在一起，在教学过程中形成整体性的知识体系和实践路径。课程内容的重组与重建是一个动态的、系统化的过程，需要从多个维度进行深度思考和规划，在内容的选择上要确保所选择的知识点能够相互支持和补充，在学生心中构建一个完整的知识网络。这要求课程设计者不仅具有深厚的学科背景知识，还应具备跨学科的视野和能力，能够从不同学科的角度出发，选择相互联系的内容进行有机整合。传统的教学方法往往过于注重单一学科的知识传授，忽视了不同学科之间的联系和互动，而在整合性的学科实践中，教师需要采取更加灵活和多样化的教学方法，例如项目式学习、跨学科主题学习等，以促进学生对知识的深度理解和应用能力的提升。要打破传统学科知识的结构形式，需要重新审视并反思当前教育体系中学科分门别类的知识传授方式。传统的学科知识结构通常以固定的内容框架、线性的教学流程和系统化的知识分类为基础，虽然有助于知识的系统化传递，保证了学生在某一领域内的深入学习，但在一定程度上对知识的流动性以及学生的创造性思维产生了限制。

让学科知识从僵化的框架中解放出来是英语学科实践要解决的问题。首先，引入真实的情境能够有效地打破传统英语学科知识的静态结构，使知识在不同的情境中得到应用和发展。情境化的教学能够帮助学生将抽象的学科知识与现实世界相联系，从而增强他们的理解力和应用能力。在具体的情境中，学生不仅能够更加直观地理解知识的内涵，还能够通过实际操作和互动，加深对知识的记忆和掌握。基于情境的学习方式打破了知识的固化状态，使其更加灵活和易于迁移，进而促进学生的全面发展。其次，以问题为导向的教学方法也在活化英语学科知识方面发挥着重要作用。在传统的知识传递模式中，学生往往处于被动接收知识的状态，而问题导向的教学能够激发学生的好奇心和求知欲，促使他们主动探究知识的本质和内在联系。在问题导向的学习过程中，学生成为知识的探索者和创造者，通过不断地提出问题、分析问题和解决问题，学生能够逐渐打破传统学科知识的固定框架，使知识在思维的碰撞和讨论中得到扩展和深化。再次，任务驱动的教学方式是活化英语学科知识的重要手段。在任务驱动的英语学科实践中，学生需要在完成具体任务的过程中运用所学知识，这就要求他们能够将理论知识灵活地应用于实践中。通过完成任务，学生不仅能够更好地掌握学科知识，还能够培养实践能力和团队协作精神。在这一过程中，学科知识不再是孤立存在的，而是与任务紧密结合，成为学生完成任务的工具和手段，这有效地打破了知识的固有框架，使其在任务的推动下不断流动和更新，从而实现知识的活化和学生关键能力的提升。最后，以主题为中心的教学模式有助于打破传统英语学科知识的结构形式。主题教学通过整合不同学科的知识，使其形成一个有机的整体，帮助学生从更宏观的视角理解和应用知识。在主题教学中，学科知识不再是单一存在的，而是通过主题的引领融入更广泛的知识网络。通过对主题的深入探讨，学生能够在不同学科之间建立联系，从而形成更为综合和立体的知识体系。这不仅打破了传统英语学科知识的界限，还促进了学科之间的交叉融合，进而激发了学生的创造力和提高了学生的综合能力。

三、英语学科实践的教育特征

（一）教学性

学科实践不仅是教学过程中的重要环节，也是促进学生学科核心素养提升的重要手段。在英语教学实践中，学科实践的核心在于将英语学科知识与实际应用相结合，通过各种教学活动使学生在真实情境中体验、应用和深化所学知识。英语学科实践强调学生的主动参与，教师通过设计和组织各种形式的教学活动，使学生能够将理论知识运用于解决实际问题，从而加深对学科内容的理解。在制定教学目标时，教师应以英语学科核心素养为出发点，确保教学内容、教学方式和教学评价围绕着这一目标而展开，使其成为教学的起点、过程中的指导原则以及最终的检验标准。在学科探究的过程中，教师需要引导学生通过对具体问题的深入分析，逐步发现其中的核心问题，并尝试提出解决方案，将英语学科实践与学生的生活经验和社会实践紧密结合。通过将抽象的语言知识与具体的生活情境相联系，学生能够更好地理解语言的功能和用途，从而提升语言学习的效果。教师在设计学科实践活动时，应努力创设真实的语言使用情境，使学生能够在仿真的语言环境中进行实践操作。真实情境的创设是培养学生感知真实世界能力的有效途径。在真实情境中，学生不仅可以应用所学的语言知识，还可以通过与环境的互动，逐步增强在不同情境下灵活运用知识的能力。真实情境的体验还能够培养学生的文化敏感性和跨文化交际能力，使他们在面对来自不同文化背景的人时能够更加从容自信地进行交流。教师在教学中应积极利用多媒体工具、社交网络平台等各种教学资源来创设更为丰富多样的真实情境，为学生提供更加广阔的语言实践空间。

教学方法的创新是提高英语教学质量、培养学生核心素养的重要途径。情境导向的教学方法强调将知识的传授与具体的实际情境相结合，使学生能够在真实或模拟的情境中应用所学知识，增强学习的实用性与针对性。问题导向的教学方法以提出和解决问题为核心，通过设置与学科内容或学生实际生活紧密相关的问题引导学生进行探究和思考，能够培养学生的问题意识和批判性思维能力，使他们在解决问题的过程中不断深化对知识的理解，增强其综合应用能力。任务导向的教学方法则将具体的任务作为学习活动的核心，要求学生通过完成任务来掌握知识和技能，有效地将理论学习与实践操作相结合，使学生在实践中体验、运用和检验所学知识，从而提高学习的实效性。项目导向的教学方法通常以跨学科的大型项目为载体，要求学生在一定的时间内通过团队合作完成项目。通过项目的实施，学生能够在解决实际问题的过程中综合运用多学科的知识，从而提升创新能力和综合素养。在英语大单元教学中，有效统整多种教学资源和教学手段不仅能够帮助学生在更为广泛的语境中掌握语言知识，还能够提升他们的跨文化理解能力和综合素养。通过设计和实施多样化的教学活动，教师可以将语言的输入与输出、知识的理解与应用有机结合起来，使学生在多重语言任务中实现知识的内化与能力的外化。英语大单元教学的有效统整模式旨在打破传统教学中以知识点为中心的线性教学方式，通过主题统领的方式，将多个语言知识点有机整合，这种整合不仅体现在教学内容的编排上，也体现在教学活动的设计与实施中。在大单元教学模式下，教师可以围绕某一主题或者核心概念展开多个子单元的教学内容，通过系统化的教学设计实现传授知识的层层递进与学生能力的逐步提升。学生在学习过程中不再是孤立地学习某一知识点，而是在不断的知识积累和综合运用中逐步提升语言运用能力。在开展英语学科实践的过程中，教师应进一步探索和应用这些教学方法，不断提高教学质量，推动新课标背景下英语教学改革的深入开展。

（二）学习性

学科实践将理论知识与实际操作相结合，通过实践活动促进学生对学科内容的理解和应用能力的提升。英语学科实践不仅是学生学习语言知识的过程，也是他们通过探究等方式深刻理解学科核心概念和方法的过程。建构主义强调学生在学习过程中主动构建知识结构，通过与环境、他人和具体情境的互动不断修正和完善自己的认知体系。在英语学科实践中，学生在真实情境中运用所学知识解决实际问题，从而促进对英语学科知识的深层次理解。"'实践'这一方式完美地体现了'从做中学'的教学理念。"①"做中学"强调在实际操作过程中学习，通过亲身参与各类实践活动，学生可以将理论知识转化为实际技能，这有助于加深他们对知识的理解并促进他们掌握学科核心概念和应用技能。"用中学"倡导通过知识的实际运用来巩固学习成果，学生在实际情境中运用所学知识不仅能够强化学习效果，还能够培养解决实际问题的能力和创新思维。"创中学"鼓励学生在创造性活动中学习英语，通过创新性和探索性实践，学生能够拓展知识的广度和深度，培养独立思考和创新能力。这些学习方式的有机结合旨在促进学生的全面发展，培养适应未来社会需求的复合型人才。

在知识导向的认知性实践中，学习的主要目标是掌握学科的基本知识和技能，学习活动的设计往往围绕着这些知识点而展开，强调学习者对知识的记忆与理解。然而，在当前社会高速发展的背景下，这种单一的认知性实践模式逐渐暴露出其局限性。随着知识更新速度的

---

① 陆卓涛，安桂清. 学科实践的内涵、价值与实现路径 ［J］. 课程·教材·教法，2022，42（9）：73-78.

加快，仅仅掌握学科知识已经无法满足个体在复杂社会情境中生存和发展的需求。因此，素养导向的发展性实践应运而生，它不仅关注学习者的知识掌握情况，更注重他们在实践中运用知识解决实际问题的能力。这一转型不仅要求教育者在教学设计中融入更多的实践活动，还要求学习者能够在实践中不断反思和调整自己的学习方法，最终实现对知识的内化和综合运用。素养导向的英语学科实践要"促进核心素养在情境中激活，在活动中生成，在实践中提升"①。英语学科核心素养的激活、生成和提升是一个动态的过程，并非孤立地存在于某个单一的教学环节，而是需要通过情境的设置、活动的组织和实践的深入来实现。首先，英语学科核心素养的激活需要在特定的情境中进行。情境不仅为学生提供了运用语言知识和技能的机会，也为核心素养的培养创造了真实的条件。在不同的情境中，学生面对的问题、挑战和任务是多样化的，相对应的任务设计应具有一定的复杂性和开放性，使学生能够在解决实际问题过程中充分调动已有的知识储备和能力。情境的设计不是单纯的知识再现，而是要求学生通过深入思考、分析和解决问题，将所学知识转化为实践能力，在解决具体问题的过程中激活核心素养。其次，英语学科核心素养的生成需要在多样化的活动中实现。学科实践活动是核心素养生成的重要载体，通过丰富多样的活动，学生能够在不同的学习环境中体验和应用所学知识，从而生成核心素养。活动的设计应注重多样性和实用性，使学生能够在参与活动的过程中逐步发展和完善他们的核心素养。在开展英语学科实践时，灵活运用合作学习、探究性学习和项目式学习等方法，有助于促进学生核心素养的生成。

① 郭元祥. 破解核心素养培育的难题［J］. 课程・教材・教法，2022，42（9）：50-52.

第二节　基于核心素养的初中英语
学科实践的类型分析

初中英语学科实践可以分为学习理解类学科实践、应用实践类学科实践和迁移创新类学科实践三大类。其中，学习理解类学科实践包括感知与注意、获取与梳理、概括与整合等维度；应用实践类学科实践包括描述与阐释、分析与判断、内化与运用等维度；迁移创新类学科实践包括推理与论证、批判与评价、想象与创造等维度。①

一、学习理解类学科实践

（一）感知与注意

感知是指个体通过感官获取外界信息的过程，而注意则是对感知到的信息进行选择性处理的过程。在英语教学中，教师可以通过设计视觉、听觉、触觉等多感官参与的活动来增强学生对学习内容的感知能力。例如，教师可以利用图片、音频、视频等多媒体资源创造生动的课堂情境，使学生能够在丰富的感官刺激中感受到语言的使用场景，从而加深对语言的理解。教师在创设主题情境时应注重引导学生的注意力，使其集中于学习目标。例如，在进行新的语言知识讲解之前，

---

① 中华人民共和国教育部. 义务教育英语课程标准（2022 年版）[S]. 北京：北京师范大学出版社，2022：49—50.

教师可以通过提问、讨论等方式引导学生回忆已有的相关知识，帮助学生将注意力聚焦在即将学习的新内容上。已有的知识经验是学生理解新知识的基础，当学生能够将新知识与已有的知识经验相联系时，学习效果将得到显著提升。教师在课堂上需要创设贴近学生生活的主题情境，帮助学生将已有的生活经验与所学的语言知识联系起来，使学生能够在熟悉的情境中理解和掌握新的语言知识。在创设主题情境的过程中，教师还需要为学生铺垫必要的语言和文化背景知识。语言学习既是对语法和词汇的掌握，也是对语言所承载的文化背景的理解。文化背景知识的缺乏可能导致学生在语言学习过程中出现理解障碍，影响学习效果。因此，英语教师在教学中需要注重语言和文化背景知识的结合，帮助学生在学习语言的同时理解语言背后的文化内涵。例如，在教授某一特定语境下的语言表达时，教师可以介绍相关的文化习俗、历史背景等知识，使学生在理解语言的过程中能够更好地理解其背后的文化意义。

通过清晰地界定教学目标，教师不仅能够确保教学活动有序进行，还能够帮助学生明确学习任务，增强学习动机。在英语学习中，学生已有的知识经验是他们学习新知识的重要基础。然而，由于学习者在知识结构、认知水平及学习经历等方面的差异，教师需要采取有效的策略来帮助学生将已有知识与新知识建立连接，从而在学习过程中形成整体认知架构。首先，明确要解决的问题不仅是教学设计的重要步骤，也是教学活动中学生认知活动的导向。在教学过程中，教师需要通过对学习目标的分析来明确教学中需要解决的关键问题。问题的明确不仅有助于教师设计出科学合理的教学活动，还能够集中学生的学习注意力，使他们能够聚焦学习过程中的核心内容。此外，问题的明确还能够激发学生的学习动机，使他们在学习中能够自觉地参与问题的解决，形成主动学习的意识。其次，在教学过程中，教师需要帮助学生将新知识与已有的知识经验相连接。已有的知识经验是学生在学习新知识时的重要支撑，它不仅影响着学生对新知识的理解与掌握，还在学生的学习策略选择中起着重要作用。因此，教师在进行教学设计时应充分考虑学生已有的知识背景，通过设计与学生已有经验相关的学习活动，帮助学生在新旧知识之间建立联系，使学生在学习过程中形成整体的认知架构，提高他们对新知识的掌握程度。在帮助学生建立新旧知识之间联系的过程中，教师还应注重引导学生发现其知识结构中的认知差距。认知差距是指学生在已有知识结构与新知识之间的知识空白或不足，这种差距的存在往往是造成学习障碍的主要原因之一。通过在教学过程中引导学生发现自己的认知差距，教师能够帮助学生形成对学习任务的清晰认识，使学生在学习过程中能够更有针对性地进行知识的构建与完善。同时，认知差距的发现也能够激发学生的学习兴趣，使他们能够在学习过程中保持较高的学习热情。学习期待是学生在学习过程中对未来学习结果的一种积极预想，这种期待不仅能够激发学生的学习兴趣，还能够在学习过程中帮助他们克服学习中的困难。通过明确教学目标、引导学生建立知识关联并发现认知差距，教师能够有效激发学生的学习兴趣，使学生在学习过程中能够保持持续的学习动力，以积极的态度去解决问题。

（二）获取与梳理

英语教学既承担着培养学生语言技能的重任，也承担着促进文化传播与理解的使命。引导学生通过获取与梳理信息来学习英语是提升语言运用能力的有效途径，语篇是语言的实际运用形式，包含了丰富的词汇、语法结构以及文化信息，在教学过程中，教师可以设计阅读理解、信息提取、归纳总结等一系列有针对性的任务，让学生在完成任务的过程中自然而然地接触到语篇中的语言知识。基于语篇的学习方式可以帮助学生将语言知识置于真实的语境中加以理解和记忆，从而提高语言的实际运用能力。语言是文化的载体，每一种语言都蕴含着独特的文化背景和价值观，从语篇中获得与主题相关的文化知识是实现语言与文化习得双重目标的关键。在英语学习中，学生仅仅掌握语言形式是不够的，还必须深入理解语言背后的文化内涵。教师通过引导学生深入分析语篇中的历史背景、社会习俗、价值观念等文化元素，不仅能够帮助学生更好地理解语言材料，还能够拓宽他们的文化视野，增强他们的跨文化交际能力。问题解决导向的教学模式强调学习过程的动态性和互动性，教师的角色是引导者和促进者，教师要鼓励学生在面对问题时主动思考，积极寻找解决方案，在解决问题的过程中，学生之间、师生之间需要进行频繁的交流和合作，共同探讨问题、分享观点，从而促进知识的共享和思维的碰撞。

在英语听力和口语教学中，准确获取关键信息是提升对话理解能力的关键步骤，如何从大量的语言输入中迅速筛选出核心信息成为衡量学习者语言处理能力的重要指标，教师应注重培养学生准确获取关键信息的能力。例如，在一个涉及日常生活话题的对话中，学生需要学会如何通过上下文推断出说话者的意图，并从中提取出最有价值的信息。这种能力的培养不仅能提升学生在课堂中的学习效果，也能帮助他们在日后的实际语言交际中更好地应对复杂的交流环境。学生在获取信息后，面临着如何将这些信息进行有效梳理的问题。在这一过程中，教师需要帮助学生养成分类和组织信息的习惯，使其能够通过逻辑思维方式将不同来源、不同层次的信息进行整合和归纳。在语言教学中，梳理信息的能力不仅涉及语言本身的学习，还与学生的逻辑思维能力紧密相连。引导学生对对话中的信息进行分类处理，将信息分为主要内容和次要内容，有助于学生更好地理解对话的重点，提高其对信息的掌控能力。记录关键信息的能力也是语言学习中不可忽视的一部分，英语教师在培养学生获取和梳理信息的同时，应帮助他们掌握如何有效地记录这些信息。记录不是对内容的简单抄写，而是对信息的加工和处理。在实际教学中，教师可以通过多种方式引导学生记录关键信息。例如，使用思维导图、表格或关键词记录等工具帮助学生将对话中的关键信息以视觉化的形式展现出来，这些方式既能帮助学生在课堂上更好地掌握对话内容，也能提高他们在语言学习中的自主性，使他们在未来的语言学习和应用中更具独立性和条理性。

在英语阅读和写作教学中，教师应帮助学生梳理出范文中关键的思想观点、重要的信息点，分析这些内容是如何通过具体的语言表达呈现出来的。教师应引导学生既要关注内容本身，还要注重语言的表达方式，如词语的选择、句式的运用以及论述的逻辑性等。通过对这些内容的细致分析，学生能够更加清晰地认识到文章内容的组织与表达策略，从而为自己的写作积累经验。在引导学生梳理内容时，教师可以结合写作目的和范文的具体内容，设计一些与学生写作任务相关的阅读活动，例如，概括范文的主要观点、提取关键信息、讨论作者的写作意图等。在这些活动中，教师可以通过提问的方式引导学生思考范文内容与其写作目的的契合程度，分析作者是如何通过选取和组织内容来达成写作目的的。这不仅有助于学生更好地理解范文的内容，而且能提高他们对写作目的的敏感性，使他们在写作中更加注重内容的选取和组织，逐步从分析梳理范文过渡到构建自己的写作框架，从对范文信息的获取转化为自身写作技能的提升。

（三）概括与整合

概括与整合是学生理解和掌握新知识的重要途径。在英语教学中，学生需要接触大量的语言输入，涵盖词汇、语法、句型和文化背景等多方面内容。然而，仅仅记住这些零散的知识点是不够的，学生需要通过概括与整合的方式将这些信息串联起来，才能形成系统的认知结构。通过概括，学生能够提取出信息的核心内容，抓住语言表达中的关键要素；通过整合，学生能够将这些核心内容与已有的知识经验相结合，形成更加完整、全面的语言认知体系。建立在关联和整合基础上的学习方式不仅能够提高学生的理解能力，还能够增强他们对语言表达的敏感性和准确性。概括与整合活动能够帮助学生深化对语言所表达的意义的理解，在英语学习过程中，学生既要掌握语法规则和词汇，也要深入理解语言背后的意义；既要具备扎实的语言技能，也要具备较强的认知和分析能力。通过概括与整合，学生能够在理解语言表面信息的基础上进一步挖掘出其内涵。在阅读一篇英语文章时，学生需要先通过概括提炼出文章的主要观点，然后通过整合将这些观点与文章中的具体细节联系起来，最终形成对文章主题的深刻理解。以信息关联和整合为基础的教学可以帮助学生在理解语言的过程中形成多维度的思维模式，从而提升他们的综合分析能力。语言学习的过程不仅是一个输入的过程，也是一个不断建构和重构知识体系的过程，概括与整合有助于学生形成新的知识结构。在英语学习中，学生需要将新学到的知识与已有的知识进行关联，通过整合的方式形成新的语言知识结构。知识的建构过程可以帮助学生更好地理解和掌握所学内容，促使他们在学习中主动发现知识之间的联系，培养他们的自主学习能力。作为积极的知识建构者，学习者要通过概括与整合，在已有知识的基础上不断扩展和深化对语言的理解，以形成更加系统、灵活的语言认知体系。

整合性学习是提高学生语言能力和文化素养的有效手段，引导学生整合学习语言知识和文化知识对学生整体认知能力的发展具有深远影响。教师应注重引导学生在学习语言的过程中融入文化学习，使学生能够理解语言的语境、习俗、价值观等文化元素。整合性学习能够帮助学生建立语言知识和文化知识的有机联系，促进学生对知识的深入理解和长效记忆。在语言知识与文化知识相分离的教学中，学生可能只是机械地记忆单词和句型，而对语言背后所承载的文化背景缺乏认识，导致语言学习较为表面化。整合性学习能够将零散的语言知识与丰富的文化内容相结合，帮助学生在学习语言的同时理解其文化意义，从而更好地掌握和运用所学知识。

整合运用相关语言表达的前提是学生能够在新情境中准确感知该情境所需的语言功能和表达需求。在不同的情境下，语言使用的方式、语气和词汇选择会有所不同，教师在设计教学活动时应结合真实情境引导学生认识到不同的语言需求，帮助学生积累跨情境的语言经验。通过接触丰富多样的语言材料，学生可以在头脑中建立起不同情境下语言表达的基本框架和策略，为他们在新情境中进行语言整合和运用奠定基础。教师在教学中应注重引导学生对已有的语言知识进行重组和再创造，在新情境下，学生常常需要对所学语言进行调整和扩展，以适应新的交流需求。这不仅要求学生能够从记忆中提取相关的语言表达，还要求他们能够对这些表达进行适当的修改和创新，使之符合新的情境要求。学生通过整合已有知识并结合新情境进行语言输出，能够更好地内化所学内容，并将其转化为真正的语言能力。

二、应用实践类学科实践

（一）描述与阐释

在英语学习中，知识的获取与积累是基础，但仅仅停留在知识的记忆和掌握层面无法充分发挥语言的实际功能。通过引导学生将所学知识进行结构化整理，并在此基础上开展描述、阐释等有意义的语言实践活动，能够帮助学生真正理解语言的使用规则、表达技巧以及在语境中的实际应用，从而提高他们的语言表达能力和思维能力。语言学习的核心在于理解和运用，在帮助学生形成结构化知识的过程中，教师应关注语言的整体性、系统性和关联性。通过结构化的知识，学生不仅能看到各类语言现象之间的联系，还能在已有知识的框架下发现新的语言规则或应用方法。教师要引导学生将各类语言知识有机整合，形成一个系统的、能够灵活运用的语言框架。在此基础上，学生不仅能更好地理解语言规则，还能在描述和阐释的过程中运用这些规则，展示出他们对语言本质的深层次理解。描述与阐释等活动要求学生既掌握词汇、句法等基本语言知识，又能够根据具体的交际情境灵活选择合适的表达方式，教师通过引导学生开展实践活动，可以帮助他们更好地将结构化知识转化为实际的语言能力。在描述的过程中，学生需要从不同角度观察、分析并表述事物的特点，这不仅培养了他们的语言表达能力，也提高了他们的观察能力和思维深度。阐释活动则要求学生能够从更为复杂的角度对某一语言现象或文本进行解释和分析，从而使他们对语言的理解更加深刻，表达更加准确。

语言不仅是沟通交流的工具，也是思想、情感和态度的体现，学生在学习英语过程中的语言运用能力的提升离不开其思想的表达和情感的抒发。在教学过程中，教师要注重为学生创设真实、自然的语言情境。语言学习与实际生活紧密相关，学生只有在真实的情境中才能更自然、更自如地表达自己的观点和情感。教师可以通过各种类型的学科实践活动鼓励学生在互动中进行观点的表达和情感的交流，营造宽松、积极的课堂氛围，使其勇于表达自己的思想。语言背后承载着说话者的思想、价值观和情感，教师要引导学生正确认识语言表达中的观点和情感表达的重要性。在阅读教学中，教师可以引导学生分析文章中的人物、情节和主题并表达自己对文章内容的看法，进而结合自己的生活经历分享自己的情感和态度。描述与阐释活动不仅有助于学生加深对文本的理解，也能促使他们更好地运用语言表达自己的思想。教师要培养学生在表达观点和情感时的批判性思维和独立思考能力，使学生不仅有勇气表达自己的想法，而且有能力进行深度思考并提出有独特见解的观点，批判性思维的培养有助于学生在面对复杂问题时能够冷静思考并做出合理判断。教师在教学中要通过问题引导、辩论等形式激发学生的思维，鼓励他们提出不同的观点和见解并通过语言表达清晰地呈现出来，使学生的语言表达能力和思维能力得到同步提升。

（二）分析与判断

在英语学习中，语篇既是知识的载体，也是学生理解世界、构建个人思维方式的重要桥梁。通过对语篇的分析与判断，学生可以逐步掌握语言在特定情境中的功能，学会如何有效地运用英语来表达思想、交流观点和理解他人的意图。语篇的学习不应局限于对其表面结构的理解，而应深入挖掘其背后所隐含的文化、社会和思想背景，英语教师要指导学生开展具有深度和广度的分析与判断活动。分析是指学生在学习语篇时能够对语篇结构、语言特点、作者意图等方面进行分解、剖析，从而更好地理解语言的使用及其内涵；判断则要求学生在充分理解语篇内容的基础上运用已有的知识经验对语篇的内容、观点、价值观等进行批判性评价。在语篇学习的过程中，教师要特别关注学生的态度和价值观的形成。通过对语篇的深入分析与判断，学生能够在理解语言的同时，形成对社会、文化、道德等方面的深层认知，这不仅有助于提升学生的语言素养，还能帮助他们更好地理解和尊重多元文化，形成正确的世界观和价值观。

语篇承载了作者或说话者的主观情感与社会文化背景，教师应有意识地通过语篇分析帮助学生理解语篇的多层次意义，引导学生关注语言结构、词汇选择、语气语态等细节，以及把握语篇整体思想脉络，从而帮助他们逐步提升对语篇信息的提取、归纳和评价能力。语篇中的情感表达、立场陈述和观点阐述也为学生提供了探讨与反思的基础，引发他们对某一主题的深刻思考。语篇的主题意义通常反映了某一社会现象或文化背景下的普遍价值观或争议话题，为学生进行价值判断提供了丰富的素材。教师还应鼓励学生将价值判断外化为具体的语言表达，以此提升学生的表达能力并加深他们对所学知识的内化程度。当学生通过口头或书面的形式表达他们的价值判断时，需要将抽象的思维转化为具体的语言输出，这一过程不仅帮助他们巩固了语言知识，还促进了他们思维的清晰化和条理化。

分析和判断文化异同的能力是学生在全球化背景下有效参与跨文化交际的基础。语言是文化的载体，而文化则是语言的灵魂。文化是一个复杂而多元的概念，涵盖了价值观念、思维方式、社会习俗、宗教信仰等多个维度。在英语学习中，学生不可避免地会接触到大量的英语国家文化信息，这些信息既包括了表面的语言符号，也蕴含了深层的文化内涵。如果缺乏必要的文化分析能力和判断能力，学生就可能仅停留在语言表层的模仿，而无法深入理解语言背后的文化逻辑，甚至可能因文化差异而产生误解或冲突。学生在文化分析的过程中要通过比较、分析和归纳等方式理解不同文化现象背后所蕴含的社会、历史和政治等复杂因素，从而形成更为全面的文化认知框架。因此，英语教师应通过学科实践引导学生从多个角度审视文化现象并理解文化差异的本质，使其具有敏锐的文化感知力和批判性思维能力。

（三）内化与运用

在英语教学中，教师应注重引导学生通过多样化的语言实践活动掌握语言基本技能并深度理解其背后的文化内涵，最终实现知识向能力的有效转化。语言学习既是知识的内化与重组过程，也是从理解语言符号到洞悉其文化语境的思维转变过程。学生在学习一门语言的过程中只有从多个层面进行探究和反思，逐渐掌握语言所承载的文化意涵，才能更好地理解语言使用中的微妙之处。教师应当有意识地引导学生将语言知识与文化知识有机结合，帮助他们内化语言背后的文化信息，在设计语言实践活动时要注重科学性和系统性，以帮助学生有效地巩固语言结构与文化知识。通过科学的引导，学生能够在实践中反复运用所学知识，逐步巩固已有的语言技能，提升对文化意涵的感知和理解。语言的结构化知识不仅包括句式、语法、词汇等基础要素，还包括文化背景知识、社会规范、价值观等深层次的内容，教师在教学过程中应注重知识的结构化呈现，帮助学生构建系统的认知框架并内化为实际的交际能力。

内化语言知识和文化知识是语言学习深化的关键步骤。"内化"是指将外部信息转化为个体内部认知结构的一部分，使之成为个人思维和行为的基础。在语言学习中，"内化"意味着学生不仅要掌握语言的形式，还要理解语言背后的文化内涵。文化知识的内化有助于学生更好地理解语言的意义和功能，避免在跨文化交际中因文化差异而造成误解和冲突。为此，教师应在教学过程中融入文化背景知识，通过对比分析、文化体验等实践方式引导学生深入探索目标语国家的历史、风俗、价值观等，促进语言知识与文化知识的有机融合，使学生在语言学习中实现知识与文化的双重内化。语言实践活动的另一个重要功能是促进知识向能力的转化，单纯的理论学习往往停留在知识层面，而通过实践，学生能够将知识转化为实际运用的能力。英语是一门工具性学科，最终目的是让学习者能够在实际生活、学术或职业环境中自如地运用语言。学生通过一系列学科实践活动，逐步将所学知识灵活运用于各种情境中，在掌握语言表达技巧的同时提高了语言思维能力和跨文化交际能力，从而能够在多种情境下运用语言解决问题，实现从知识到能力的转化。

在英语教学过程中，教师帮助学生将新知识和关键语言转化为内在的认知结构是提高学习效果和实际应用能力的重要环节。内化过程是指通过多层次、多角度的学习活动将知识转化为学生自身的理解和表达能力，这一过程要求教师引导学生充分理解语言结构、词汇及其背后的文化背景，并通过有意识的实践活动帮助学生在学习过程中建立起语言与实际生活的紧密联系，从而为其在未来现实情境中灵活运用所学知识打下基础。为实现学生对语言知识的内化，教学活动设计应当紧密结合现实生活中的语言使用情境。教学不能局限于课堂中的模拟场景，而是要为学生提供更多接触和体验实际语言运用的机会，帮助学生将所学语言与其在现实生活中的应用情境联系起来。通过英语学科实践，学生将具备在复杂的现实情境中自如运用英语的能力，能够在跨文化交际、职业交流等各类场景中得心应手地使用所学语言，达到语言学习的真正目的。

三、迁移创新类学科实践

（一）推理与论证

推理活动要求英语学习者根据现有的信息和知识进行逻辑推导和推测，而论证活动则是在此基础上形成自己的观点，并通过证据与逻辑链条加以支持。在语篇学习中，超越表层的学习活动不能止步于对文本内容的理解，而是要通过这些活动引导学生探讨语篇背后的深层次含义，包括文本所隐含的文化价值以及作者的态度、观点等。深层次的要素往往是语篇的核心内涵，学生通过推理与论证揭示出其中的逻辑关系，将大大提升其认知能力。在具体的教学活动中，教师可以通过设计问题和任务，激发学生针对语篇中的价值取向、作者的意图、人物的行为及其背后的社会文化背景进行分析。学生对价值取向的判断通常涉及复杂的文化和社会因素，英语教师要通过引导和提示帮助学生逐步厘清语篇背后涉及的多种价值观，并根据具体情境进行论证，鼓励学生在论证过程中运用逻辑思维将证据和观点有机结合，形成结构合理、逻辑严谨的论证体系。

语篇的表层理解通常只涉及对语言符号的识别和基本意义的理解，其背后所蕴含的文化背景、价值观和情感表达则是语篇的深层次内容。教师应当通过引导学生从作者的视角出发，结合历史背景、文化环境等因素探究作者创作语篇时的真实动机以及希望传达的核心思想，帮助学生从多个维度理解语篇。学生通过与作者对话逐渐提高批判性思维能力，能够区分语篇中的显性信息和隐含意义，并进一步解读其中可能蕴藏的深层价值。在与作者对话的过程中，学生需要对作者的观点、态度和立场进行分析，并尝试表达自己对同一问题的看法。通过批判性阅读，学生能够更加理性地看待不同的观点，并培养对复杂问题进行多角度思考的能力。分析和判断的过程是逻辑思维培养的基础，要求学生有清晰的思路，并且能在信息中提炼出核心要素。引导学生与作者对话并不意味着完全接受作者的观点，而是鼓励学生在充分理解作者的基础上形成自己的独立见解，逐渐形成对话能力，能够与不同的思想和文化背景的作者进行对话，并在此过程中巩固自身的思维能力。教师应当鼓励学生对作者的观点进行质疑，并根据自身的经验、知识背景以及其他参考资料提出不同的看法。基于批判性阅读的对话方式能够促进英语学习者将学习内容内化为个人知识体系，进一步深化学生的逻辑思维能力。

（二）批判与评价

　　针对语篇的内容或观点进行合理质疑不仅能够深入理解文本的内涵，还能够激发学生的批判性思维。语篇是语言和文化的载体，往往蕴含着作者的主观立场、价值取向以及特定的社会背景。因此，学生需要具备质疑的能力，才能够超越对表面信息的接受和理解，进一步审视其中隐含的逻辑和观点。合理的质疑并非盲目地反对或批评，而是基于对文本内容的深入分析，提出具有建设性的问题。质疑有助于学生更清晰地把握作者的主旨意图和文本的核心信息，当学生质疑文本中的不合理之处或不明确的观点时，他们需要运用已有的知识储备和经验，并结合新学的内容进行反思和对比。通过这种反复的思维过程，学生能够发展出更为深入的认知和思考能力。质疑是一种思维训练，教师可以引导学生关注语篇中的推理、论证、论点的支撑证据等方面，以帮助他们更好地理解文本的逻辑结构和论证方式。此外，质疑的过程能够促使学生反思和修正他们对语篇内容的初步理解。在初次接触语篇时，学生通常会带着一定的个人预设和经验背景进行解读，通过质疑，他们能够逐渐意识到这些预设是否适用于该语篇、是否存在片面或误解的地方。在这一过程中，学生的认知不断得到修正，逐渐形成更加全面和客观的理解。此外，质疑还能够帮助学生培养开放的心态和辩证的思维方式，学生不仅需要质疑作者的观点，也需要对自己的立场进行反思。通过不断质疑和反思，学生能够发展出更加多元化的思维方式，并学会在不同观点之间进行权衡。

　　在英语学习中，评价语篇的内容和作者的观点是对语篇背后逻辑、思想和价值观进行深层次的分析与反思，是培养学生批判性思维和独立思考能力的关键环节。通过评价，学生能够在与文本互动的过程中对作者的观点进行质疑和验证，并结合自己的知识背景、价值取向和现实经验形成自己的判断。评价语篇的内容需要学生具备较强的理解能力，他们不仅要准确获取语篇中传达的主要信息，还要深入剖析文本中蕴含的隐性意义。这种隐性意义往往体现在文本的言外之意、作者的潜在动机或文化背景对文本的影响中，学生在评价时需要借助批判性思维去探究这些隐性因素，从而揭示语篇的全貌。作者的观点通常是语篇的核心，评价作者的观点要求学生能够站在多维度的立场上对其进行全面的审视和反思。学生在阅读过程中既需要理解作者的立场和推理过程，也需要运用个人的知识体系和批判思维对作者的观点进行独立分析。评价语篇的内容和作者的观点是一个建立自我意识的过程，学生在评价的过程中不断与自己的已有知识、价值观和经验进行对比，从而发现作者观点与自己认知的契合点或分歧。这种比较不仅能够增强学生的文化理解力，还能够促使他们反思自己的价值取向和认知框架，从而提升他们的自我认识和批判能力。评价的本质并非简单地接受或否定作者的观点，而是使学生在不断的思辨过程中逐步形成独立的思想和更加开放的心态。学生在评价语篇时需要具备一定的逻辑思维能力和语言表达能力，对语篇内容进行细致剖析，提出有力的论据，并以合适的逻辑顺序进行表达。通过评价语篇的内容和作者的观点，学生可以在语言学习过程中不断提升自己的认知能力、批判性思维能力以及语言表达能力。

(三)想象与创造

想象力的培养能够帮助学生在英语学习过程中打破已有的知识框架和惯常的语言模式,构建新的表达方式并创造出新的思维路径和解决问题的方式。通过鼓励学生在实际情境中运用所学语言进行创造性的表达,教师不仅帮助他们打破了思维定式,还促使他们在语言实践中不断反思、调整和创新。迁移创新要求学生在已学知识的基础上进行扩展和深化,现实生活中语言的运用不应局限于课堂内的对话练习,还需要应对多样化的社会情境。语言迁移创新的成功不仅体现在学生能够掌握更多的词汇和句型,还体现在他们能够根据新的情境选择恰当的语言工具并提出富有创造性的解决方案。想象与创造是跨领域的思维训练,学生通过语言表达表现出他们的逻辑思维能力、问题解决能力以及应对复杂情境的综合素养。英语教师不仅要设计具有挑战性的任务引导学生运用所学语言知识,还要为学生提供开放性的语言实践环境,让学生有机会通过合作学习、探究活动等方式不断在新的情境中探索语言的可能性。学生的想象力是他们探索未知、解决问题和创新思维的源泉,而创造力则是将知识转化为实际应用的能力。教师可以通过设计开放性的问题情境、引导式的讨论以及多样化的实践活动激发学生的想象力和创造力,通过对开放性问题的讨论,学生能够在没有标准答案的情况下,根据自身的知识和经验提出多种可能的解决方案,从而促进对知识的深层理解,培养批判性思维和创新能力。

在英语教学中,教师要引导学生通过语言的运用进行合理的想象,使其不仅能够应对日常交流,还能够在不同情境中创造性地解决问题。在教学过程中,教师要给予学生足够的空间进行思维的发散和拓展,使学生在语言学习中能够通过对教材和课堂的语言学习材料的深层次思考和再创造，形成与实际生活相联系的语言应用能力。教师还要考虑如何将学生已有的知识、经验与学习材料相结合，激发学生的创造力。每个学生都有其独特的生活经历和思维方式，教师应通过灵活的教学设计将这些经验与所学语言知识联系起来，促进学生的个性化学习和创新能力的培养。例如，教师可以在教学中设计开放性的问题，鼓励学生结合自身经验进行创造性的表达，使学生在语言学习的过程中能够通过对语言的理解和再创造去表达个人的思维和情感，成为知识的创造者和应用者。在语言学习中，创造性并不意味着毫无边界的自由表达，而是要求学生在充分理解语言和文化的基础上，通过分析和判断进行有目的的创新。因此，教师应当引导学生对所学内容进行深度的分析和反思，帮助他们识别语篇中的隐含意义、社会文化背景，以及作者的态度和观点。教师不仅要帮助学生掌握语言的形式和功能，还要引导他们借助语言背后的文化、社会和思想内容进行批判性思考，以创造性的表达方式展现其对语言和文化的独特理解。

第三节　基于核心素养的初中英语
学科实践的运行机理

　　基于许贵珍等[①]学者们对实践性议题的运行逻辑的思考，根据《义务教育英语课程标准（2022年版）》的课程理念，我们可以推理

---

① 许贵珍，杨华.实战性议题的育人价值与运行逻辑［J］.思想政治课教学，2022（10）：28-31.

出初中英语学科实践的运行机理是秉持在体验中学习、在实践中运用、在迁移中创新的学习理念，倡导学生围绕真实情境和真实问题，激活已知，参与指向主题意义探究的学习理解、应用实践和迁移创新等一系列相互关联、循环递进的语言学习和运用活动，促进能力向素养的转化。① 具体如图 5-1 所示。

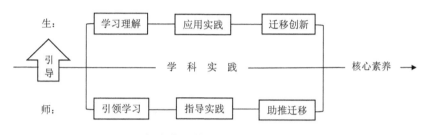

图 5-1　初中英语学科实践的运行机理示意图

首先，真实情境有助于激发学生的学习兴趣，将其置于与实际生活相关的情境中，使他们能够理解语言学习的实际价值，激活已有的知识储备并在已有知识的基础上进行新的理解和拓展。语言学习不应是孤立的知识获取过程，而是一个不断与现实生活中的问题和情境相结合的过程，使学生能够在解决问题的过程中深刻体会到语言的实用性与功能性。英语学科实践使语言学习转变为一个动态的过程，使学生能够更主动地参与语言的理解、运用和创造等活动。

其次，实践的过程是让学生将所学知识进行具体操作与应用的过程。通过反复的实践，学生既巩固了所学的语言知识，也在不断尝试中找到合适的语言表达方式。实践过程强调的是学生对知识的内化与实际应用能力的培养，只有通过不断地练习和实践，学生才能够真正

---

①　中华人民共和国教育部. 义务教育英语课程标准（2022 年版）［S］. 北京：北京师范大学出版社，2022：3.

掌握语言的运用技巧，并在不同的语境中灵活自如地表达。语言的学习不仅是对静态知识的记忆，更是对语言运用的熟练掌握。

再次，迁移和创新是语言学习的高阶目标。通过对已有语言知识的理解与实践，学生能够在新的情境中迁移所学知识并解决新的问题。这一过程不仅要求学生具备扎实的语言功底，还要求他们能够灵活地运用所学知识创造性地解决问题。迁移和创新不仅体现在语言的转换应用中，也体现在学生的思维方式与解决问题的能力提升上，目标是培养学生在既有框架下突破语言学习的局限，创造出具有独特视角的表达方式。

最后，教师的引导作用尤为关键。教师不仅需要为学生创设合适的学习情境，还需要设计能够激发学生主动思考和创新的学习任务。在任务的设计与实施中，教师应关注学生的个体差异，提供不同层次的语言支持，以帮助学生在实际的语言运用中逐步提升能力。同时，教师还需要通过有针对性的反馈帮助学生发现问题并调整学习策略，以更好地完成从知识理解到实际应用再到创新的学习过程。

一、学思结合，在体验中学习

学思结合的理念强调学生在学习中不仅要掌握知识，还要通过思考、分析和反思，将所学内容内化为自己的认知框架，形成解决问题的能力。学思结合的关键在于学生在学习过程中必须主动进行思维活动，而非被动接收知识。英语教师在学科实践的设计中需要注重引导学生思考和反思所学内容，并将这些内容与已有知识体系进行有效整合，使学生能够在思考的过程中发现知识之间的关联，理解知识背后的逻辑和规律。通过这样的思维活动，学生能够更好地应对复杂的语言使用场景并形成自主学习的能力。学思结合的理念不仅要求学生在学习过程中主动思考，还强调通过反思不断优化学习策略。通过不断反思学习过程中的得失，学生可以更好地调整自己的学习方法，找到适合自己的学习策略。教师应通过个性化的引导和反馈帮助学生认识到自己的优势和不足，鼓励学生在学习中不断探索和改进。英语学科实践强调学生通过真实的语言情境和互动实践获得直接的学习体验，学生既是在学习语言知识，也是在应用知识的过程中发展沟通能力、团队合作能力以及批判性思维能力。在真实的语言情境中，学生能够更好地理解语言的实际使用规律，并在反思和总结中提高语言能力。在体验中进行反思的学习方式是学思结合的具体体现，英语教师应注重创设丰富的语言学习情境，使学生在体验中学习英语，以问题引导、启发式教学等方式引导学生在解决问题的过程中进行思考，并通过讨论和交流活动帮助学生在合作中提升语言能力。

在学习理解类活动中，引导学生获取、梳理语言和文化知识并建立知识间的关联是英语学科实践的重要任务。语言学习是一个复杂的认知过程，涉及学生对语言形式、语义内容、文化背景等多维度的理解和运用。教师在教学设计中要充分考虑到学生已有的知识背景、语言能力以及文化认知，帮助学生在学习过程中逐步建立起语言和文化知识之间的有机联系。第一，教师应重视帮助学生获取词汇、语法、句型等基础的语言要素，通过这些基础知识的学习，学生能够初步理解语言的构成形式和表达规则。第二，在语言基础知识的获取过程中，教师应有意识地引导学生梳理各知识点之间的关系。语言本身是一个有机的体系，词汇、语法、句法之间存在着复杂的联系。如果学生在学习过程中只是孤立地理解每一个知识点而没有形成整体的知识结构，那他们在实际运用语言时就容易出现理解偏差或无法流畅表达的情况。教师要帮助学生通过对知识的系统化梳理逐步建立起语言知识之间的网络结构，使学生在头脑中形成关于语言的清晰认知框架，知识的梳理既有助于语言知识的长期记忆，也能够提高学生在真实情境中运用语言的能力。教师还应当引导学生逐步理解语言背后的文化背景，语言是文化的载体，任何一种语言的形成和发展都与其所处的社会文化环境密切相关。教师在开展学科实践的过程中不能只停留在表面的语言形式教学，而是要将语言背后的文化意义引入课堂，使学生在学习语言形式的同时，对语言所承载的文化现象有所感知和体悟。此外，在语言和文化知识的梳理过程中，教师还应当鼓励学生进行知识的内化和反思。语言和文化知识的获取并不是一个被动接受的过程，学生需要通过主动的思考和反思，将所学知识与自身已有的认知和经验进行对比和整合。通过内化，学生能够更好地理解语言知识的实际意义并将其运用到实际生活中。通过设置开放性问题、引导学生进行讨论和辩论等方式，可以激发学生的思维活动，促使他们从被动接收知识转向主动构建知识体系，从而提高自主学习能力。第三，教师在引导学生梳理语言和文化知识的过程中还需注意引导学生建立起语言知识与文化知识之间的联系。语言是文化的表现形式，文化则是语言的背景支撑，二者密不可分。在学习理解类活动中，学生只有同时掌握了语言形式和文化背景，才能真正做到对语言的准确理解和运用，教师应设计跨学科、跨文化的主题学习，使语言知识和文化知识有机结合。在任务驱动的学科实践活动中，学生既能巩固所学的语言知识，也能在真实的文化情境中运用语言解决实际问题，实现语言能力和文化素养的提升。在教学实践中，教师可以采用多种策略来帮助学生建立语言与文化知识的关联。首先，教师可以通过情境创设让学生在特定的文化背景下使用语言，体验语言与文化之间的互动关系。例如，通过模拟真实的跨文化交流场景，学生不仅可以学习到语言的具体表达方式，还可以在文化情境中感受到不同语言背后的文化差异。其次，教师可以通过任务驱动让学生在完成具体任务的过程中体会语言的实际运用价值。任务驱动的英语教学强调学习者通过完成真实任务来习得语言，使他们能够自然而然地将语言知识与文化知识相结合，并在完成任务过程中逐步建立起语言与文化的关联。

二、学用结合，在实践中运用

学用结合的理念强调学习与运用的有机统一，使学生在获得知识的同时，能够通过实际应用深化对语言的理解与掌握，其核心思想在于语言学习的动态性与实践性。语言是一种沟通工具，语言学习的意义在于使用，而非仅仅是知识的积累。在学习过程中，学生通过模仿和重复可以积累一定的语言材料，但要想真正掌握并灵活运用这些知识，必须通过实践活动的反复应用将知识转化为技能。英语教师应当设计符合实际应用场景的任务和活动，引导学生在真实或模拟的语言环境中运用所学知识，逐步实现对语言的掌握。应用实践类活动不仅可以帮助学生掌握语言的基本使用方法，还可以引导他们理解语言背后的文化内涵，语言和文化相辅相成，语言既是文化的载体，也是文化的表现形式。在英语学科实践中坚持学用结合，既要帮助学生掌握语言的表层规则，也要通过文化背景的讲解和实际应用帮助学生理解语言背后的文化逻辑。在讨论不同文化背景下的礼仪、习俗和价值观时，教师可以通过组织讨论、角色扮演等实践活动帮助学生感受文化差异，并在实际情境中运用语言表达和交流。文化层面的实践不仅可以提高学生的跨文化交际能力，而且可以让学生更加深入地理解语言的多样性和复杂性。

学用结合能够帮助学生发现学习中的认知差距，促使其主动探究并解决问题。学生在应用实践类活动中往往会遇到各种挑战和困难，这些挑战和困难可以激发学生的学习兴趣，使其通过自主学习、合作学习等方式寻找解决方案。在这一过程中，教师既是引导者，也是支持者，要通过设计有针对性的活动，使学生在发现问题、分析问题和解决问题的过程中不断深化对语言和文化知识的理解。基于实践的学习模式有助于提升学生的综合能力，使其不仅能够记忆和理解知识，还能够灵活运用所学知识去解决实际问题。此外，学用结合的教学方式能够有效提高学生的学习动机和学习兴趣。传统的教学方式往往过于注重知识的灌输，而忽视了学生的主动性和实践能力，这在一定程度上会导致学生的学习兴趣下降。通过应用实践活动，学生可以将所学知识运用于解决实际问题中，这种真实的任务情境能够极大地激发学生的学习热情，使其积极地投入学习过程中。学用结合的教学方式还能够提升学生的成就感，学生在应用过程中能够直观地看到自己的学习成果，这种积极的反馈有助于增强他们的学习自信心和持久动力。

引导学生在应用实践类活动中内化语言和文化知识的过程实际上也是知识建构与再创造的过程，学生通过自身的学习体验，逐步将所学的零散知识整合成完整的认知体系并在新的情境中灵活应用，这不仅是对其所学语言技能的强化，也是对其文化意识和思维方式的进一步提升。在这一过程中，学生会逐渐发现语言不仅是交流的工具，更是文化的载体，承载着不同社会的历史、价值观念和人际交往方式。在应用实践活动中，学生不仅要掌握语言的基本用法，还要通过具体的实践去体会语言背后的文化差异和共性，培养对不同文化的包容和理解。教师应对应用实践类活动进行合理的设计和安排，以确保这些活动能够真正起到内化知识和提升能力的作用。首先，教师应根据学生的实际水平和需求，设计具有挑战性且可行的任务，让学生在完成这些任务的过程中不断提升自己的语言能力。其次，教师应为学生提供及时的反馈和支持，帮助学生在实践中纠正错误，逐步完善其语言技能。最后，教师应鼓励学生通过实践发现问题，培养其解决实际问题的能力。

三、学创结合，在迁移中创新

学创结合是一种将学习和创新相结合的教育理念，旨在通过引导学习者在知识获取和理解的基础上进行创造性应用，解决实际问题并形成新的观点与方法。学创结合强调不仅要掌握已有知识，还要在实践中不断探索和创新，推动知识向能力、素养的转化。学创结合不仅是知识的学习和积累过程，也是通过创造性活动将知识转化为实际能力的关键环节。英语学习者不仅要掌握语法、词汇和表达技巧，还要通过迁移和创新，灵活运用这些语言知识解决现实生活中的实际问题。学创结合能够促使学习者不断突破语言学习的局限，实现语言应用能力的提升。迁移和创新类活动可以帮助学习者将所学的语言知识与个人的实际经验相结合，使其既能在熟悉的情境中运用语言，也能在新的情境下进行知识的迁移和应用。学创结合既是知识运用的过程，也是态度与价值观的培养过程。英语学习者在语言实践中接触不同的文化、价值观和社会问题，体会语言背后的文化内涵，培养文化间的理解力和共情力，进而逐步形成正确的态度和价值判断。这有助于学生理解世界的多样性，促进他们在多元文化背景下的沟通与合作能力的提高。通过学创结合，学习者不仅在语言技能上获得了提升，也在逻辑思维、问题解决能力、创造力等方面得到了锻炼。

迁移创新类活动中的"迁移"指的是学习者通过将先前所学的知识、技能运用到新的情境中，以解决新的问题。这一过程不仅考验学习者对知识的掌握程度，更要求他们具备一定的创造力和创新思维能力。在迁移过程中，学生能够根据不同的生活情境灵活调整和应用所学知识，使语言技能从被动的记忆转化为主动的运用，思维模式从单一的学习向多元的应用转变。学创结合理念中的"创新"则要求学习者在掌握基础知识的前提下勇于尝试不同的思路和方法，解决生活中的实际问题。英语学习中的创新不仅体现在语言表达的多样性上，更体现在学生思维的独立性和批判性上。通过创新类活动，学生能够逐步培养解决问题的能力，在分析、比较不同的文化和语言现象的过程中形成对不同文化的包容与理解，进而实现语言学习中的文化教育目标。在迁移创新类活动中，学习者首先通过对语言知识的积累逐步掌握英语的基本结构与表达方式，而后在具体情境中通过迁移、创新等方式灵活运用这些语言技能。在面对现实生活中的问题时，学习者可以运用所学的词汇、语法结构和表达方式对复杂问题进行分析和解决。基于现实的语言实践既增强了语言的实际应用性，也为学习者提供了反思自身态度、价值观的机会，促使他们形成对世界和人生的正确认知。

　　在迁移创新类活动中，教师不仅需要为学生提供理论知识，还应积极创设各种有利于迁移和创新的学习情境，以激发学生的创造力，通过设计真实的生活问题或案例，引导学生在学习过程中主动探索问题的多种解决方案，培养学生的创新思维和实践能力。创新思维的培养离不开自由表达和多元化的观点交流，教师应创造一个宽松、开放的学习环境，鼓励学生大胆表达自己的见解，允许他们在语言表达和文化理解中进行探索和尝试。通过与同伴的交流、与教师的互动，学生能够逐步形成独立的语言思维模式和创造性表达能力。

第六章 基于核心素养的初中英语 学科实践的教学设计

本章在阐述初中英语学科核心素养的目标与特征的基础上，从"人与自我""人与社会""人与自然"三大主题范畴入手，探讨实践活动设计并分析实践活动案例，进而对初中英语学科实践的课堂评价、作业评价、单元评价、期末评价等四种评价方式的设计进行研究。

第一节 初中英语学科核心素养的目标与特征

一、初中英语学科核心素养的目标

（一）初中英语学科核心素养的目标维度与层级分解

学习目标是发展学生核心素养的"航标"[①]，不仅为教学活动提供了明确的方向，还为学生的成长与发展提供了具体的指引。核心素养

---

① 任美琴，吴超玲. 指向学科核心素养的高中英语教学设计研究［J］. 全球教育展望，2020，49（7）：79-91.

的培养并非单一的知识传授，而是通过知识、能力、情感、态度和价值观等多维度的融合，帮助学生形成健全的人格、综合的思维能力和社会适应能力。学习目标的设定直接关系到学生核心素养的养成，并决定了教育实践的指向性和有效性。在教学设计中，明确的学习目标可以帮助教师更好地选择教学内容、设计教学活动，并且能够引导学生进行有目的的学习，使学习不再是盲目的知识积累，而是一个逐步接近全面发展的过程。《义务教育英语课程标准（2022 年版）》将英语学科课程目标划分为语言能力、文化意识、思维品质和学习能力等四个维度，这四个维度构成目标体系的一级目标并分解为相应的二级目标，具体如表 6-1 所示。①

表 6-1　初中英语学科核心素养的目标维度与层级分解

一级目标	二级目标
发展语言能力	认识英语与汉语的异同
	逐步形成语言意识
	积累语言经验
	进行有意义的沟通与交流
培育文化意识	了解不同国家的优秀文明成果
	比较中外文化的异同
	发展跨文化沟通与交流的能力
	形成健康向上的审美情趣和正确的价值观
	加深对中华文化的理解和认同
	树立国际视野
	坚定文化自信

① 中华人民共和国教育部. 义务教育英语课程标准（2022 年版）[S]. 北京：北京师范大学出版社，2022：5-6.

续表

一级目标	二级目标
提升思维品质	能够在语言学习中发展思维，在思维发展中推进语言学习
	初步从多角度观察和认识世界、看待事物，有理有据、有条理地表达观点
	逐步发展逻辑思维、辩证思维和创新思维，使思维体现一定的敏捷性、灵活性、创造性、批判性和深刻性
提高学习能力	能够树立正确的英语学习目标，保持学习兴趣，主动参与语言实践活动
	在学习中注意倾听、乐于交流、大胆尝试
	学会自主探究，合作互助
	学会反思和评价学习进展，调整学习方式
	学会自我管理，提高学习效率，做到乐学善学

1. 发展语言能力

语言能力的培养是英语学习的核心目标之一，贯穿整个学习过程，并影响着学生语言运用能力与综合素养的提升。语言能力的发展并非单一、机械的知识积累过程，而是一个需要在感知、体验、积累与运用等多层次、多维度活动中逐步实现的动态过程。通过不断参与语言实践活动，学生能够深入认识英语与汉语的异同，逐渐形成语言意识，积累宝贵的语言经验，最终实现有意义的沟通与交流。在感知阶段，学生通过听、读等多种形式的输入初步接触英语语言，并感知其与汉语在语音、词汇、句法结构等方面的差异。在体验过程中，学生通过实际的语言使用情境来直观地感知语言的沟通功能，体会语言作为沟通工具的实际应用意义。语言经验的积累既是语言知识的扩展，也是语言运用能力的提升。随着语言输入与输出的不断重复，学生逐渐掌握语言的基本规律，并通过不断的练习与运用内化这些规律，使之成为自身的语言能力。通过比较英语与汉语在表达方式、思维习惯等方面的差异，学生能够在多样化的语境中锻炼语言使用能力，逐步适应并灵活运用不同的语言规则进行有意义的沟通与交流，进一步验证并强化自己的语言能力。

2. 培育文化意识

每个国家的文化都具有独特的历史背景和价值内涵，学生学习和了解这些文化，可以拓宽视野，树立对不同文化的尊重与欣赏的意识，为跨文化交际提供情感基础。比较中外文化的异同是为了帮助学生在全球化背景下更好地理解文化的多样性，在与外来文化的接触中保持文化的独立性与自信心，在比较中形成更为理性的认知，对不同文化背景下的思维方式、价值取向和社会习俗有充分的认识。在了解和比较不同文化的过程中，学生得以欣赏多元的艺术形式和美学思想，并逐渐形成自己独立的审美观念，从而在艺术和文化的熏陶中提升个人的精神修养与文化素质。中华文化是世界上最古老的文明之一，拥有深厚的历史积淀和独特的文化内涵，学生在与其他文化的接触和比较中能够更加清晰地认识到中华文化的独特价值，可以在跨文化交际中以文化自信的姿态与其他文化平等对话。通过文化意识的培养，学生不仅可以在全球化进程中坚守文化自信，还可以更加积极主动地传播和弘扬中华文化，为推动世界文化的多样性贡献自己的力量。

3. 提升思维品质

语言学习和思维发展之间具有紧密的联系，二者相辅相成，共同推进学习者的全面成长。学习者通过不断接触和使用新的语言材料，培养了从多角度观察和认识世界的能力。语言本身承载着文化和思维方式的多样性，不同的语言体系反映了不同的认知结构和世界观。当学习者掌握了一定的语言技能后，他们能够通过语言这一媒介以更广阔的视角去看待事物，学会在多样化的情境中分析问题。多角度的观察能力有助于学习者逐步理解复杂事物，形成全面的认知结构。语言的表达过程本质上是一个思维过程，学习者通过语言组织信息、表述观点时需要经过深入的思考和严密的逻辑推理。思维与语言表达的紧密联系促使学习者在表达观点时要有理有据、条理清晰，语言的逻辑性和条理性要求学习者具备良好的逻辑思维能力，能够在语言输出时根据语境和目标进行合理的推理和判断。在学习语言的过程中，学习者会接触到不同的文化、历史和社会现象，这些内容往往与学习者自身已有的认知存在差异。在这种差异中，学习者需要通过辩证的方式去看待和分析新旧信息之间的关系，批判性地思考并逐步形成自己的判断。创新思维的形成依赖语言的灵活使用，学习者通过语言表达自己的独特见解，并根据实际情境调整语言策略。创新思维的发展不仅体现在语言表达的多样性上，还体现在学习者通过语言解决实际问题的能力上。思维的敏捷性、灵活性、创造性、批判性和深刻性是语言学习中需要重点发展的能力。其中，敏捷性体现为学习者能够迅速捕捉到新的语言信息，并在短时间内做出相应的反应；灵活性要求学习者能够根据不同的语境或交际对象调整语言表达，做到灵活运用；创造性要求学习者在语言学习中能够创新表达方式，突破语言学习中的常规套路；批判性体现在学习者能够通过语言表达对某一现象的质疑和深度思考；深刻性意味着学习者通过语言能够反映出其对问题的深刻理解和透彻分析。

4. 提高学习能力

在英语学习中，学习目标不仅能够为学生提供明确的方向，还能够在学习的每一个阶段给予他们前进的动力。只有在明确的目标引导下，学生才能逐步克服学习中的困难，保持积极的学习态度。学习兴趣不仅是学生积极参与学习的动力来源，也是他们持续学习的重要支撑。英语是一门语言学科，涉及大量听、说、读、写等综合技能的培养，如果学生没有足够的兴趣，就很难长期坚持。主动参与语言实践活动是提高语言水平的有效方式，学生需要在各种语言实践活动中通过反复的应用和练习来内化语言知识。教师要培养学生的主动倾听意识，使其专注于对方的表达，捕捉关键信息，并通过反馈和提问加深对内容的理解。语言的本质是交流，学生应当积极参与各种语言交流活动，勇于表达自己的想法和观点。教师应在课堂上创造更多的交流机会，帮助学生在真实的语言情境中运用所学知识，提升他们的语言实践能力。自主探究的能力有助于学生在面对未知的语言难题时通过主动思考和查找资料去解决问题，学生可以通过小组讨论、合作学习等形式相互分享学习经验，共同解决学习中的难题，这样不仅能够提高学习效率，还能够在互动中培养团队协作精神。通过反思学习进展，学生可以发现自身的优点与不足，并调整学习计划和方法。关注语言能力的实际应用和综合发展的自我评价可以帮助学生更清楚地认识到自己在英语学习中的真实水平，并制定出更合理的学习策略。自我管理能力不仅体现在时间管理上，还包括对学习资源的有效利用、学习任务的合理分配等方面。良好的自我管理能力能够帮助学生在繁重的学习任务中保持条理清晰，有效避免因时间分配不合理而造成的学习压力，从而提高整体学习效率。乐于学习意味着学生能够在学习中找到乐趣，克服学习中的困难并保持持续的学习动力；善于学习则要求学生在学习过程中能够灵活运用各种学习策略，做到举一反三，不断提升自己的学习能力。只有做到乐学善学，学生才能在英语学习中取得长足的进步，实现语言能力的全面提升。

（二）初中英语学科核心素养的表现与学段目标

学段目标是对本学段结束时学生学习本课程应达到的学业成就的预设或期待，是总目标在各学段的具体化。初中英语学科核心素养的表现与学段目标如表6-2所示。①

表6-2　初中英语学科核心素养的表现与学段目标

核心素养	表现	学段目标（7~9年级）
语言能力	感知与积累	能识别不同语调与节奏等语音特征所表达的意义；能听懂发音清晰、语速较慢的简短口头表达，获取关键信息；积累日常生活中常用的习惯用语和交流信息的基本表达方式；积累常用的词语搭配；了解句子的结构特征，如句子种类、成分、语序及主谓一致；在收听、观看主题相关、语速较慢的广播影视节目时，能识别其主题，归纳主要信息；能读懂语言简单、主题相关的简短语篇，提取并归纳关键信息，理解隐含意义

---

① 中华人民共和国教育部. 义务教育英语课程标准（2022年版）[S]. 北京：北京师范大学出版社，2022：6-11.

续表

核心素养	表现	学段目标（7~9 年级）
语言能力	习得与建构	能在听、读、看的过程中，围绕语篇内容记录重点信息，整体理解和简要概括主要内容；能根据听到或读到的关键词对人物、地点、事件等进行推断；能根据读音规则和音标拼读单词；能归纳学过的语法规则；能辨识和分析常见句式的结构特征；能分析和梳理常见书面语篇的基本结构特征；能用简单的连接词建立语义联系
	表达与交流	能围绕相关主题，运用所学语言，与他人进行日常交流，语音、语调、用词基本正确，表达比较连贯；在书面表达中，能选用不同句式结构和时态，描述和介绍身边的人、事物或事件，表达情感、态度、观点和意图等
文化意识	比较与判断	能初步理解人类命运共同体和全人类共同价值的概念；能通过简短语篇获取、归纳中外文化信息，认识不同文化，尊重文化的多样性和差异性，并在理解和比较的基础上作出自己的判断；能用所学语言描述文化现象与文化差异，表达自己的价值取向，认同中华文化；树立国际视野，具有比较、判断文化异同的基本能力
	调适与沟通	能认识到有效开展跨文化沟通与交流的重要性；对具有文化多样性的活动和事物持开放心态；了解不同国家人们待人接物的基本礼仪、礼貌和交际方式；能初步了解英语的语用特征，选择恰当的交际策略；能意识到错误并进行适当的纠正；在人际交往中，学会处理面对陌生文化可能产生的焦虑情绪，增强跨文化沟通与交流的自信心；初步具备用所学英语进行跨文化沟通与交流的能力

续表

核心素养	表现	学段目标（7~9年级）
文化意识	感悟与内化	能理解与感悟中外优秀文化的内涵；领会所学简短语篇蕴含的人文精神、科学精神和劳动价值，感悟诚实、友善等中外社会生活中的传统美德；能自尊自爱，正确认识自我，关爱他人，尊重他人，有社会责任感；能欣赏、鉴别美好事物，形成健康的审美情趣；具有国家认同感和文化自信，有正确的价值观和积极向上的情感态度；有自信自强的良好品格，做到内化于心、外化于行
思维品质	观察与辨析	能发现语篇中事件的发展和变化，辨识信息之间的相关性，把握语篇的整体意义；能辨识语篇中的衔接手段，判断句子之间、段落之间的逻辑关系；能发现同类型语篇的相似之处和不同类型语篇的结构特征；能多角度、辩证地看待事物和分析问题
	归纳与推断	能提取、整理、概括稍长语篇的关键信息、主要内容、思想和观点，判断各种信息的异同和关联；能根据语篇推断人物的心理、行为动机等，推断信息之间简单的逻辑关系；能从不同角度解读语篇，推断语篇的深层含义，作出正确的价值判断
	批判与创新	能针对语篇的内容或观点进行合理质疑；能依据不同信息进行独立思考，评价语篇的内容和作者的观点，说明理由；能根据语篇内容或所给条件进行改编或创编
学习能力	乐学与善学	对英语学习有持续的兴趣和较为明确的学习需求与目标；有积极主动的学习态度和较强的自信心；能主动参与课内外各种英语实践活动，注意倾听，积极使用英语进行交流，遇到问题主动请教，勇于克服困难；主动学习并积极使用现代信息技术，具备初步的信息素养

续表

核心素养	表现	学段目标（7~9 年级）
学习能力	选择与调整	能制订明确的英语学习目标和计划，合理安排学习任务，主动预习和复习；能整理、归纳所学内容，把握重点和难点；能主动反思自己英语学习中的进步与不足，根据问题查找原因并加以解决；能找到适合自己的英语学习方法；能根据学习目标和进展合理调整学习计划和策略；能借助不同的数字资源或平台学习英语
	合作与探究	能在学习活动中积极与他人合作，共同完成学习任务；能在学习过程中积极思考，主动探究，发现并尝试使用多种策略解决语言学习中的问题，积极进行拓展性运用

　　第一，语言能力部分强调了学生对语言的感知、积累、习得、建构与表达的全过程，指出了从识别语音特征、掌握基本语法到形成连贯的表达的能力路径。该部分不仅关注语言的形式与结构，更强调了语言使用的实际应用场景和表达情感、态度及观点的能力，体现出语言学习的整体性和实践性。

　　第二，文化意识部分聚焦跨文化沟通与交流的能力，强调学生在语言学习中理解和尊重文化多样性的重要性。学生需要具备辨别文化异同的能力，并在交流过程中调适自己的文化理解和沟通策略。该部分探讨了文化知识的积累，强调了文化感悟与内化，要求培养学生的文化自信与中华文化认同感。通过对中外优秀文化的理解，学生能够建立起正确的价值观和积极的情感态度，为跨文化沟通提供内在动力。

　　第三，思维品质部分侧重学生在语言学习中逻辑思维能力的培养。学生需要通过观察与辨析来把握语篇的整体意义，分析语篇结构和内容之间的逻辑关系。通过归纳与推断，学生可以从不同角度解读信息并提炼出关键信息，以对语篇的深层含义做出推测和判断。而批判与创新能力的培养则鼓励学生对所学内容进行合理质疑和独立思考，发展批判性思维与创造性思维能力。

第四，学习能力部分主要强调学生的自主学习和合作学习能力。学生需要具备持续的学习兴趣和目标，能够积极参与各种实践活动，并在学习过程中不断反思与调整学习策略。通过合作与探究，学生能够与他人共同完成学习任务，提升自己的语言能力和思维能力。随着信息技术的发展，学生需要具备初步的信息素养，能够使用数字资源辅助学习，增强学习的主动性和有效性。

二、初中英语学科核心素养的特征描述

《义务教育英语课程标准（2022年版）》分别从语言能力、文化意识、思维品质、学习能力四个维度描述了初中英语学科核心素养的特征。（见表6-3）

表6-3　初中英语学科核心素养的特征描述①

核心素养	特征描述
语言能力	能在教师引导和协助下，围绕相应级别的主题，理解日常生活中的简单语言材料，具备一定的获取和归纳特定信息或关键信息的能力，抓住要点，分析、推断隐含的信息；运用所学语言与他人交流，描述现象与经历，介绍熟悉的人和事物，表达观点和情感态度等，表达基本准确、连贯、顺畅

① 中华人民共和国教育部. 义务教育英语课程标准（2022年版）[S]. 北京：北京师范大学出版社，2022：81-84.

续表

核心素养	特征描述
文化意识	能在教师引导和协助下，采用合适的方式、方法认识与中外文化有关的具体现象和事物；尊重并包容不同文化，涵养家国情怀，初步理解人类命运共同体的概念；能通过语言简单、主题相关的语篇材料获取并归纳中外文化信息；在参与交际活动时，意识到文化差异在语言交流中的表现，能尝试采用多种策略进行沟通和交流；能基于已有经验和知识，用所学英语描述熟悉的文化现象和文化差异；具备比较、判断常见的中外文化差异性和相似性的基本能力；能理解与感悟优秀文化的内涵，有正确的价值观、健康的审美情趣和良好的品格
思维品质	能在教师引导和协助下，自主采用合适的方式、方法，观察和理解所学语篇中语言和文化的各种现象；通过比较，识别关键信息，区分事实性和非事实性信息，分析和推断各种信息之间的关联和逻辑关系；能根据获取的信息，尝试归纳、概括主要观点和规律，发现问题、分析问题并逐步创造性地解决新的问题；能从不同角度认识和理解世界，对各种观点进行独立思考，判断信息的真实性，作出正确的价值判断，尝试提出合理的疑问
学习能力	能在教师引导和协助下，认识到英语学习的重要性；进一步激发英语学习的兴趣，遇到困难时具备一定的抗挫折能力；了解英语学习的特点和规律，积极尝试运用不同的英语学习策略提高学习效率，制订适合自己的学习计划并努力完成；及时反思，并根据学习进展对学习计划和策略进行调整，找到适合自己的英语学习方法并加以运用；能主动利用图书馆和其他资源进行拓展学习，初步具备自主学习、合作学习、探究学习的能力，养成良好的学习习惯

　　根据初中英语学科核心素养的学段特征，教师应通过有效的教学活动和任务设计帮助学生在英语学习过程中逐步实现语言能力、文化意识、思维品质和学习能力的综合提升。

　　首先，教师应在教学设计中设置合理的语言输入和输出任务，通过交互性活动帮助学生提升语言综合运用能力，注重对语言材料的选取和设计，确保其贴合学生的日常生活，符合学生的认知水平，同时鼓励学生通过理解、分析、推断等策略抓住材料中的要点，准确获取关键信息。此外，语言学习不应局限于理解表层的语言现象，教师要引导学生发掘深层次的隐含信息，促使他们在语言材料的分析过程中掌握语言的逻辑关系和表达方式，进一步提升他们语言运用的流畅性和连贯性。

其次，教师应在教学中创造文化对比的机会，让学生在比较分析的过程中逐步认识到中外文化的共性和差异，并引导他们以包容、开放的态度看待不同文化。通过语篇的选择和教学活动的设计，教师可以帮助学生更深刻地理解家国情怀和人类命运共同体的概念，培养学生的文化敏感度和跨文化交际能力。文化意识的培养不仅是语言知识的延伸，也是帮助学生建立起正确的价值观和提高审美情趣的重要途径。

再次，指向思维品质养成的教学设计应通过不同层次的任务培养学生的独立思考能力和逻辑推理能力。在语篇分析过程中，教师应设计出能够促进学生深入思考和推理的任务，引导学生在区分事实性和非事实性信息时独立分析其中的逻辑关系，并在此基础上得出合理的结论。通过任务的层层递进，教师可以帮助学生学会从不同角度看待问题，使其在思维过程中能够识别和分析问题背后的深层次原因。除此之外，教师还应鼓励学生在学习中发现问题并创造性地提出解决问题的方案，培养他们的批判性思维能力和创新思维能力。

最后，教师应设计能够激发学生自主学习兴趣和提升学习效率的教学任务，注重对学生自主学习能力的培养，帮助学生认识到英语学习的长期性和规律性，并引导他们在学习过程中树立积极的学习态度。此外，教师还应构思能够帮助学生反思学习进度和学习策略的活动，引导他们不断调整并找到适合自身特点的学习方式。在英语学科实践中，教师应当注重合作学习和探究学习的结合，通过团队协作和自主探究等多种方式帮助学生提升学习效率，养成良好的学习习惯。

第二节　基于核心素养的初中英语学科实践的主题案例

初中英语课程内容的主题包括"人与自我""人与社会""人与自然"三大范畴①，在课程实施中要深化教学改革，强化学科实践，注重"做中学"。② 教师在实际教学中应依托课程内容的主题，开展基于核心素养的初中英语学科实践设计。

一、"人与自我"主题的实践设计与实践案例

（一）"人与自我"主题的实践设计

"人与自我"主题以"我"为视角，设置"生活与学习"和"做人与做事"等主题群，子主题内容包括：丰富、充实、积极向上的生活；多彩、安全、有意义的学校生活；身心健康，抗挫能力，珍爱生命的意识；积极的学习体验，恰当的学习方法与策略，勤学善思；自我认识，自我管理，自我提升；职业启蒙，职业精神；劳动实践，劳动品质与工匠精神；货币常识，理财意识，理性消费，信用维护；勤

---

① 中华人民共和国教育部. 义务教育英语课程标准（2022 年版）［S］. 北京：北京师范大学出版社，2022：14.

② 中华人民共和国教育部. 义务教育课程方案（2022 年版）［M］. 北京：北京师范大学出版社，2022：14.

于动手，乐于实践，敢于创新。①

在以"人与自我"主题为基础设计英语学科实践活动时，应从学生的生活和心理发展需求出发，通过学科实践活动培养学生的自我认知、自我管理能力，以及在生活、学习和社会中的全面发展能力。这一主题的设计核心在于通过英语语篇学习使学生能够提升语言能力，并通过语言学习理解和反思自我，从而提升其情感、态度和价值观。

首先，"生活与学习"主题群的教学应引导学生在语言学习中感受生活的丰富与充实，指导学生阅读、讨论与生活相关的英语材料等，以帮助他们理解树立积极向上的生活态度和保持身心健康的重要性。通过这些活动，学生可以在英语学习过程中逐渐认识到在现实生活中如何保持乐观的生活态度和增强抗挫能力，特别是在应对学习压力和挑战时如何有效管理情绪、平衡生活与学习。教师在教学设计中应注重情境创设，让学生通过英语材料中的人物与情境讨论如何在现实生活中克服困难、珍爱生命，在培养学生语言技能的同时塑造他们的思想品德。同时，教学设计应引导学生关注安全的校园生活、健康的生活方式和合理的学习方法。教师应通过英语阅读材料的选择和教学活动的设计引导学生反思自己的学习习惯、方法与策略，帮助他们探索如何通过学习英语提高自我管理能力。例如，通过讨论如何制订学习计划、如何合理分配时间和精力，学生不仅学会了表达自己的观点，还能够内化这些技能并将其付诸日常生活中的实际行动。此外，积极的学习体验也是教学设计中应当考虑的重要部分，教师应鼓励学生在英语学习中尝试新的学习方法，如合作学习、项目式学习等，这些方

---

① 中华人民共和国教育部. 义务教育英语课程标准（2022 年版）［S］. 北京：北京师范大学出版社，2022：14-17.

法能够让学生在学习过程中体验到成就感，从而保持对学习的兴趣与积极性。

其次，"做人与做事"主题群的教学设计要培养学生在英语学习中的自我认知和自我提升的能力，教师可以通过引导学生分析语篇中的人物形象及其行为，帮助学生认识到如何进行自我管理并不断提升自我。例如，通过讨论语篇中的角色如何面对挑战、提升自我，学生可以借助英语学习对自己的性格、能力与目标有更深入的理解。在此基础上，教师可以通过英语教学活动逐渐渗透职业启蒙和职业精神的培养。教师在教学设计中可以引入与职业相关的语篇，让学生了解不同职业的特点、所需的技能以及职业精神的核心价值。通过学习这些内容，学生能够更好地理解职业生涯中的责任感、创新精神与团队协作的重要性。此外，教师应注重在教学中结合劳动实践和工匠精神的培养，鼓励学生动手实践，提升劳动能力，并通过英语学习探索不同文化中的工匠精神，帮助学生建立对劳动的正确价值观。货币常识与理财意识也是"做人与做事"主题群中不可忽视的内容，教师可以帮助学生认识到在日常生活中合理消费的重要性。学习与理财相关的英语材料不仅可以提升学生的语言技能，还可以增强他们对金融知识的理解，使之形成正确的金钱观和消费观。

最后，教学设计应引导学生在英语学习过程中进行创新与实践活动，鼓励学生用英语表达自己的创造性想法，并通过实践验证其可行性，从而培养学生的动手能力与创新精神。

（二）"人与自我"主题的实践案例

本案例选自外语教学与研究出版社版初中英语教材《义务教育教

科书·英语（七年级上册）》。所选教材内容为 Unit 1 A new start（Presenting ideas），主要围绕话题"Make a poster about your first week at junior high"开展实践活动，分以下四个步骤进行。①

Step 1

Work in groups. Talk about your first week at junior high. Think about the things below. Take a group vote to decide what to put in your poster.

- studies   - activities   - problems   - feelings

Step 2

Organise your ideas with the help of the following outline and make your poster. You may use the following language tips or find useful expressions or sentences from this unit.

My first week at junior high	
Studies	My favourite subjects are… My first lesson was… I learnt…
Activities	…sing songs and read poems. …play games and do team activities.
Problems	Is it OK to…? It's hard to…
Feelings	Questions jumped into my mind. My mouth felt dry.
Remember	Add pictures to your poster.

---

① 孙有中. 义务教育教科书·英语：七年级上册［M］. 北京：外语教学与研究出版社，2024：14-29.

Step 3

Practise and present your poster to the class.

Step 4

Vote on the best three posters and the best three presentations.

本案例的实践活动围绕"Make a poster about your first week at junior high"这一主题而展开，旨在通过小组合作和课堂展示，培养学生在语言实践中应用所学知识和技能，促使他们在实践中深化对语言知识的理解，提升其语言表达能力、合作能力和创新思维。实践活动设计紧扣"人与自我"这一主题，围绕生活与学习而展开，通过反思和分享初中第一周的经历，帮助学生树立积极向上的学习态度，增强身心健康、抗挫能力和珍爱生命的意识。本案例设计充分考虑了学生的学习体验和个人发展需求，鼓励他们采用恰当的学习方法与策略，通过多样化的活动步骤培养他们勤学善思的习惯。

步骤一（Step 1）的活动主要以小组合作的形式展开。学生被分为若干小组，在组内讨论初中第一周的经历，涵盖学习、活动、问题和感受等多个方面。学生应结合自己的实际体验，谈论喜爱的科目、参加的活动、遇到的问题以及在新环境中的感受。在开放式的讨论中，学生有机会自由表达，锻炼口语能力，并在团队中投票决定哪些内容应被纳入海报。在这一环节中，教师应引导学生积极参与讨论并提供必要的语言支持，如帮助学生表达"studies""activities""problems""feelings"等方面的内容。此外，教师还可以通过引导学生使用教材提供的语言结构（如"My favourite subjects are…""It's hard to…"等）来帮助学生组织他们的想法，增强他们在表达复杂想法时的信心。

步骤二（Step 2）的活动强调对信息的整合与创作，学生可以根据小组讨论的内容，按照提供的提纲整理出自己的海报内容。提纲围绕学习、活动、问题和感受四个方面而展开，帮助学生将复杂的体验以逻辑清晰的方式呈现出来。在此过程中，学生需要学会如何选择合适的信息、如何结构化地组织内容，并合理运用语言表达自己的想法。教师在这一阶段起到支持和引导的作用，可以根据学生的需求提供更多的表达方式或词语提示，确保他们能够自如地进行内容创作。同时，本环节还鼓励学生添加图片等视觉元素，以增强海报的吸引力。这不仅可以激发学生的创意思维，也可以帮助他们更好地理解和应用语言中的描述性表达，通过图文结合的方式增强信息的呈现效果。

步骤三（Step 3）是学生练习和海报展示的环节，学生需要向全班同学展示他们的海报并进行口头讲解。在这一过程中，学生不仅要清晰地传达海报上的信息，还要阐述其背后的设计理念。在这一环节，教师可以引导学生关注表达的流畅性、逻辑性以及肢体语言的运用，帮助他们提升整体的表达水平。学生在展示过程中可以运用"My first lesson was…"等之前学到的表达结构和词语，并在实际应用中进一步巩固这些知识点。教师应在课堂上提供积极的反馈，鼓励学生尝试不同的表达方式，帮助他们克服在公开场合表达的紧张情绪，培养自信心。

在步骤四（Step 4）中，教师组织全班学生对展示的海报和讲解进行投票，选出三幅最佳海报和三次最佳讲解。这一环节通过同伴评价的方式增加了学生对自己和他人表现的反思与评估机会，促进了学生之间的良性竞争和合作意识。

本案例紧密结合学生的实际生活体验和心理发展需求，采用了小组讨论、合作创作、展示评价等多种教学方式，体现了学用结合、任务驱动的教学理念。活动的结构设计清晰合理，每个步骤都为学生提供了不同层次的学习机会。在整个实践活动中，学生经历了从讨论、整合到表达的全过程，既锻炼了语言能力，也增强了合作、沟通和创造能力。这种体验式学习不仅有助于学生在实践中内化语言知识，还能培养他们对新环境的适应能力和积极的人生态度。

二、"人与社会"主题的实践设计与实践案例

（一）"人与社会"主题的实践设计

"人与社会"主题以"社会"为视角，设置"社会服务与人际沟通""文学、艺术与体育""历史、社会与文化"和"科学与技术"等主题群，子主题内容包括：良好的人际关系与人际交往；和谐家庭与社区生活；志愿服务与公共服务；交流与合作，团队精神；家乡和社会的变迁，历史的发展，对未来的畅想；跨文化沟通与交流，语言与文化；中外影视、戏剧、音乐、舞蹈、绘画、建筑等艺术形式中的文化价值和作品赏析，优秀的艺术家及其艺术成就；日常体育活动，重大体育赛事，体育精神；中外文学史上有代表性的作家和作品；世界主要国家的文化习俗与文化景观、节假日与庆祝活动；对世界、国家、人民和社会进步有突出贡献的人物；公共秩序与法律法规，个人信息安全与国家安全意识；身份认同与文化自信；社会热点与国际事

务；科学技术与工程，人类发明与创新。①

在设计基于"人与社会"主题的英语学科实践活动时，需要从整体上把握该主题的广泛性和复杂性，通过一系列有机的教学活动引导学生参与实践与体验，使其在不同的子主题中形成多角度的语言运用能力和知识内化能力。教学设计的核心在于通过语言学习培养学生的跨文化理解能力、社会责任感、合作精神，以及对历史、科学、文化等多元领域的认知。

首先，在"社会服务与人际沟通"这一主题群下，教学设计应着眼于提升学生在社会交往和服务中的语言运用能力。教学活动的安排应突出学生对人际关系和团队合作的理解，尤其在与他人互动、进行有效沟通和解决冲突时如何使用英语表达自己的观点并与他人进行协商。围绕该主题群，学生可以通过参与角色扮演、模拟志愿服务场景等形式的语言实践，在真实或模拟的情境中提升跨文化交际和团队合作能力，同时增强对社会服务的责任感。

其次，围绕"文学、艺术与体育"主题群，教学设计应着眼于引导学生欣赏和分析中外影视、音乐、舞蹈、文学等文化作品，培养其跨文化沟通能力。通过在英语课堂中融入艺术作品和体育精神等内容，学生不仅能加深对语言的理解，还能从中体会到文化背后的价值观与审美观。教学中应注重学生对文化背景的认知，鼓励他们通过阅读和观看相关艺术作品了解不同文化中的历史与现实，并通过语言实践进行艺术作品的分析与评价。体育相关主题的教学设计应引导学生探讨体育精神、重大体育赛事中的文化象征，以及通过这些活动所传递的

---

① 中华人民共和国教育部. 义务教育英语课程标准（2022 年版）［S］. 北京：北京师范大学出版社，2022：14-17.

团队精神与个人荣誉感。这样的学科实践活动不仅有助于学生语言能力的提高，而且能帮助学生在文化与艺术的框架下形成跨文化的理解与共鸣。

再次，"历史、社会与文化"主题群更注重培养学生对历史事件、社会变化和文化习俗的理解能力。在教学设计中，教师可以通过介绍世界主要国家的文化景观和节日习俗帮助学生形成全球视野，并通过对历史人物的讨论引导学生认识个人对社会发展的贡献，让学生在真实的社会情境中通过反思历史事件、讨论当下社会问题内化语言知识，并形成对不同社会文化现象的深入理解。在教学设计中，应将个人信息安全与国家安全意识纳入其中，通过引导学生讨论这些主题，促使他们在语言学习中关注社会热点与国际事务，形成社会责任感和文化认同感。

最后，"科学与技术"主题群的教学设计应聚焦科学技术对社会发展的影响。教师可以通过引导学生讨论人类的发明创造与科技创新，培养他们的创新意识，通过实际案例或创新发明的介绍帮助学生理解科学技术对社会进步的贡献，同时鼓励他们用英语表达自己对技术创新的理解和见解。此类实践活动有助于学生将所学的语言知识与实际生活紧密结合，增强其语言表达能力，并培养其科学素养和创新能力。

（二）"人与社会"主题的实践案例

本案例选自外语教学与研究出版社版初中英语教材《义务教育教科书·英语（七年级上册）》。所选教材内容为 Unit 4 Time to celebrate（Understanding ideas），该部分第 8 个教学活动主要围绕话题"Talk about your ways to celebrate a traditional festival"开展口语实践活动，具体要求如下。①

Work in pairs. Talk about your ways to celebrate a traditional festival. Use the thinking map to organise your ideas. Use the words and expressions from the reading passage and the Useful expressions to help you.

🎧 **Example**

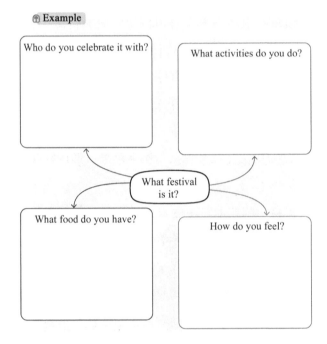

Useful expressions

How do you usually celebrate...?	My family always...for...
I often...But I never...	My favourite activities include...
Sometimes I...	...is a must for...

---

① 孙有中. 义务教育教科书·英语：七年级上册 ［M］. 北京：外语教学与研究出版社，2024：62-77.

本案例以 "Talk about your ways to celebrate a traditional festival" 为话题，引导学生在真实的语言交流情境中提升语言表达能力，深入理解和内化相关的文化知识，并通过活动提升交际能力和文化敏感性。本案例设计的基本框架遵循学用结合的原则，通过合作学习、口头表达、语言迁移等多种形式引导学生有效运用目标语言，并在实际交流中形成语用能力。实践活动设计基于"人与社会"（历史、社会与文化）这一主题，围绕世界主要国家的文化习俗与文化景观、节假日与庆祝活动而展开。学生将从不同国家和文化的节日习俗出发，讨论自己了解的节日庆祝方式，通过文化对比，增强对不同社会文化的理解，形成跨文化交际的基础。主要分为以下四个阶段。

第一阶段：导入与热身。在本阶段，教师通过简短的视频或图片展示世界各地的主要传统节日，如春节、中秋节、圣诞节、感恩节等，引发学生对话题的兴趣。通过提问 "Do you know any traditional festivals? How do people celebrate them?"，帮助学生激活已有的文化知识和语言储备。此环节的目的是帮助学生熟悉话题内容，为后续活动做好准备。

第二阶段：思维导图与语言输出。在这一环节，教师将引导学生使用思维导图来组织他们的思路。思维导图有助于学生梳理和整合与节日庆祝相关的语言信息，学生可以通过这个过程将零散的语言知识结构化，并为口语表达提供有力支持。学生两人一组结对讨论，使用从阅读材料中学到的单词和表达进行模拟对话。具体的语言任务包括：首先确定 "What festival is it?"；然后根据思维导图的框架，以 "Who do you celebrate it with?" "What activities do you do?" "What food do you have?" "How do you feel?" 等问题开展对话并将思维导图补充完整。为了促进学生之间的互动，教师应引导学生以教材中的 "Useful expressions"作为参考组织语言。"How do you usually celebrate…?""I often…But I never…""Sometimes I…""My family always…for…""My favourite activities include…""…is a must for…"等句型的使用可以帮助学生在交谈中保持流畅性，强化他们对目标语言的掌握。

第三阶段：展示与反馈。在本阶段，学生将两两配对展示讨论成果。每组学生将以对话的形式描述自己如何庆祝某一个传统节日，并在全班同学面前展示他们的思维导图和讨论结果。这一展示环节不仅能够检验学生对语言知识的掌握程度，还能够通过同伴之间的互动反馈促进语言的进一步运用。教师在此环节的主要任务是观察学生的表现，并提供及时的语言反馈，纠正学生在语法、发音或用词上的错误，帮助他们提升口语表达的准确性。

第四阶段：总结与延伸。在教学活动的最后，教师将引导学生总结本节课中所学的内容，并通过提出"Do you think people celebrate festivals in similar ways in different countries? Why or why not?"等问题，促使学生反思节日庆祝方式的多样性和相似性，从而拓展他们的文化视野。在此基础上，教师可以给学生布置后续任务，例如安排课堂上谈论不同国家的传统节日，学生以小组合作的形式"compare how people celebrate festivals in two different countries"，进一步巩固课堂中所学的知识，促进语言能力、文化意识、思维品质和学习能力等核心素养的全面提升。

本案例设计充分考虑了学生在英语学科实践中的语言学习需求和文化认知发展，遵循"学用结合"的理念，旨在通过实际的语言应用任务帮助学生内化所学的语言和文化知识。在活动中将思维导图与语言输出环节紧密结合，通过结构化的工具帮助学生梳理信息、组织语言，为他们的口语输出奠定基础。此外，合作学习的形式不仅提升了学生之间的互动性，还通过真实的语言交流情境激发了学生的学习兴趣。在文化教学方面，关于庆祝传统节日的话题为学生提供了跨文化交际的机会，帮助他们认识和理解不同国家和地区的文化差异，培养跨文化敏感性。实践活动通过引导学生进行文化对比，促进学生的思维发展和语言能力的提高，使他们能够在讨论中理性表达观点，在实际情境中实现语言知识向学科核心素养的转化。

三、"人与自然"主题的实践设计与实践案例

（一）"人与自然"主题的实践设计

"人与自然"以"自然"为视角，设置"自然生态""环境保护""灾害防范"和"宇宙探索"等主题群，子主题内容包括：世界主要国家的地理位置，不同地区的生态特征与自然景观；热爱与敬畏自然，与自然和谐共生；环境污染及原因，环保意识和行为；自然灾害与防范措施，人身安全与自我保护；地球与宇宙探秘，航天事业发展。①

在设计以"人与自然"为主题的英语学科实践活动时，需要综合考虑学生的语言学习目标、学科内容与核心素养的培养，并注重语言与内容的有机融合，通过"自然生态""环境保护""灾害防范"和"宇宙探索"四个主题群，从自然的不同角度出发涵盖广泛的内容，使学生能够在学习语言的同时，提升对自然、环境和科技的认知。多

---

① 中华人民共和国教育部. 义务教育英语课程标准（2022 年版）［S］. 北京：北京师范大学出版社，2022：14-17.

维度的主题设计有助于培养学生的跨文化意识、批判性思维和全球视野，激发他们在语言学习中的深层次思考。

首先，"自然生态"主题群的实践活动应侧重通过语言学习帮助学生理解并阐释不同国家和地区的地理位置、自然景观以及生态特征。在语言教学中引导学生阅读、讨论相关的语篇材料，可以使他们了解不同国家和地区的气候条件、地形特征以及动植物的多样性。通过科普演讲、合作探究以及小组讨论等语言表达任务的设计，可以帮助学生运用所学的英语词汇和句型描述自然景观，在互动交流中提升口语表达能力和团队协作精神。此外，围绕"热爱与敬畏自然"这一子主题，教师可以通过英文纪录片，使学生在习得目的语言的同时，感受到人与自然和谐共生的重要性。语言与生态知识相结合的教学设计能够激发学生的自然保护责任感，并促使他们用英语表达对自然的思考和态度。

其次，"环境保护"主题群的实践活动可以围绕环境污染的现状、原因以及环保意识和行为而展开。通过查阅、分析与环境保护相关的英语文章、新闻报道或数据资料，学生能够在语言实践中获得对环境问题的深刻认识。英语教师可以设计诸如辩论、项目式学习等活动，促使学生在思辨与协作中运用英语表达对环境保护问题的观点并提出可行的环保建议，语言与实际问题相结合的实践活动有助于学生在语言学习的过程中培养解决实际问题的能力。此外，教师还可以引导学生模拟环保活动，设计海报或撰写英语作文，表达对环境保护的看法及建议，鼓励学生将英语应用于现实生活中的环保行动，提升其书面表达能力，并培养其社会责任感与全球公民意识。

再次，针对"灾害防范"主题群，实践活动的设计应注重通过语言学习提升学生对自然灾害的认知以及自我保护的能力。学习有关地震、洪水、台风等自然灾害的英语语篇能够帮助学生掌握与灾害相关的词汇和表达方式。教师可以设计模拟应对灾害的实践活动，让学生通过角色扮演或情境模拟等方式在语言学习中了解如何进行紧急避险与自我保护，引导学生将语言知识应用于实际生活，增强其应急意识和自救能力。此外，围绕"人身安全与自我保护"的子主题，教师可以设计小组讨论或撰写自我保护指南的任务，促使学生在学习英语的同时，思考如何提高个人在灾害中的生存能力。语言与生活技能相结合的互动性语言实践能够培养学生在复杂情境中的语言能力以及思维能力，提升学生的综合素养。

最后，"宇宙探索"主题群的实践活动应以提升学生对科学与科技的兴趣为目标。在"地球与宇宙探秘"以及"航天事业发展"等子主题的教学过程中，教师可以通过引入丰富的英文科普资源，帮助学生了解有关宇宙、航天等领域的基础知识，使其掌握相关的学术词汇与表达。通过撰写太空探索日记、参与科幻主题辩论等语言实践活动，学生不仅能够拓宽知识视野，还能够锻炼创新性思维与逻辑推理能力。将语言学习与宇宙探索相结合的实践活动能够激发学生对航天技术的好奇心与探索欲，使学生了解人类在探索宇宙过程中的重大成就和挑战，培养他们探索未知的勇气和科学精神。

总的来说，在设计以"人与自然"为主题的英语学科实践活动时，应注重内容的多样性与语言学习的有效性相结合。活动的设计应考虑到学生的认知水平和语言能力，确保每个学生都能在实践中得到锻炼和提高。同时，教师应鼓励学生在学习中关注全球性议题，提升其跨文化交际能力并拓宽其全球视野。综合性的跨学科实践活动不仅有助于提升学生的语言能力，还能促使他们在学习语言过程中深入思考人与自然之间的和谐关系，在全球化背景下，为未来社会的可持续发展贡献智慧与力量。

（二）"人与自然"主题的实践案例

本案例选自外语教学与研究出版社版的初中英语教材《义务教育教科书·英语（七年级上册）》。所选教材内容为 Unit 5 Fantastic friends（Developing ideas）中的 Reading for writing 部分，其中第 5 个教学活动主要围绕话题"Write a short paragraph about another extinct animal"开展写作实践活动，分以下四个步骤进行。①

Step 1

Do some research on an extinct animal. Use the chart to help you.

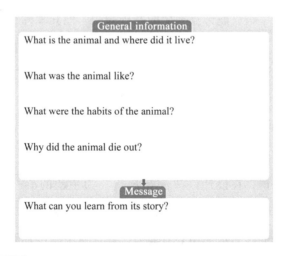

---

① 孙有中. 义务教育教科书·英语：七年级上册［M］. 北京：外语教学与研究出版社，2024：78−93.

Step 2

Organise the information and write a paragraph.

Step 3

Check. Did you： ☐ introduce the experience of the animal?

☐ use the words and expressions from the reading passage?

☐ give your opinion about protecting animals?

Step 4

Share your paragraph with the class.

本案例以"Write a short paragraph about another extinct animal"为主题，旨在引导学生通过研究除渡渡鸟以外的另一种灭绝动物，促进其语言能力、思维品质和学习能力等方面的核心素养的发展。写作实践活动基于课本已经学习过的渡渡鸟（dodo）的灭绝历史，鼓励学生从探究、写作、分享等环节中培养对自然和动物的热爱之情与敬畏之心，培养学生与自然和谐共生的理念。

活动的第一步是研究一种灭绝动物，学生可以根据课本提供的图表组织信息，这一阶段主要考查学生的阅读理解能力，并且锻炼他们自主获取信息的能力。以灭绝动物塔斯马尼亚虎（Tasmanian Tiger）为例，学生需要研究并搜集这种动物的基本资料，这一过程要求学生回答几个核心问题：塔斯马尼亚虎生活在哪里？它长什么样子？它有什么习性？它为什么会灭绝？这些问题不仅可以促进学生对动物灭绝原因的深入思考，也有助于他们形成对自然界的敬畏感和保护意识。通过信息查询和研究，学生可能获得以下信息：

塔斯马尼亚虎，学名袋狼（Thylacine），原产于澳大利亚和塔斯马尼亚岛，它们看起来像狗，但有袋鼠的特征。它们是夜行动物，捕食小型哺乳动物和鸟类。然而，由于过度捕杀、栖息地丧失以及人类引入的其他物种的竞争，塔斯马尼亚虎于 20 世纪 30 年代彻底灭绝。

这一研究过程不仅培养了学生的信息检索和综合整理能力，也让学生进一步了解了人类活动对自然环境的深远影响，为接下来的写作做好充分的准备。

在活动的第二步中，学生根据前一步的研究材料组织信息，撰写一段描述塔斯马尼亚虎灭绝的短文。在撰写过程中，学生需要按照图表所提供的信息，结合之前学习渡渡鸟的相关词汇与表达方式，确保语言的准确性和内容的连贯性。例如，学生可能写道：

The Tasmanian Tiger, also known as the Thylacine, lived in Australia and Tasmania. It looked like a dog but had some features similar to a kangaroo. It was a nocturnal animal that hunted small mammals and birds. Unfortunately, due to human hunting, habitat loss, and competition from introduced species, it became extinct in the 1930s. From its story, we learn the importance of protecting wildlife and maintaining ecological balance.

虽然内容比较简短，但丰富的书面表达不仅锻炼了学生的英语写作能力，也增强了他们对动物保护的意识。以实践形式开展的写作活动有助于学生在输出语言时对输入语言进行内化，形成自己的语言表达，既提升了他们的语言表达能力，也培养了他们的逻辑思维能力。

活动的第三步是自我检查环节。学生根据给出的检查清单，确保自己的写作段落内容完整，包括介绍动物的基本情况、使用课堂中学到的词汇与表达，以及表达自己对动物保护的看法。自我检查的过程能够帮助学生发现自身写作中的不足并反思如何改进，从而培养他们的自主学习能力。在反思的过程中，学生除了关注语言的准确性和完整性之外，还会思考他们的写作内容是否传达了对自然和动物保护的态度，从而促进思维品质的发展。

活动的第四步是学生之间的分享与讨论，这一环节不仅是写作任务的输出，也是学生展示语言能力与思维品质的重要机会。在与同伴的交流中，学生可以相互学习，从而获得更多的写作灵感和技巧。同时，通过与他人的互动和反馈，学生能够进一步反思自己的写作效果，提升表达能力和思维的逻辑性，并深化对动物保护的认知，进一步反思人类在自然界中的角色。通过分享和讨论塔斯马尼亚虎等动物灭绝的具体原因，学生能意识到环境保护的重要性，增强对自然界的尊重和责任感。

本案例中的写作实践活动基于学科核心素养的培养而开展，通过研究灭绝动物这一真实且具备全球意义的主题，学生能够将语言学习与现实世界中的人与自然的关系问题联系起来。以塔斯马尼亚虎为例，在思维品质培养方面，学生通过批判性地分析塔斯马尼亚虎灭绝的原因，学会从不同角度思考"人与自然"的问题，而通过写作自评和同伴分享，学生的学习能力得到了进一步发展。写作实践活动不仅是语言学习的重要途径，也是培养学生核心素养并树立正确的生态观和世界观的重要方式。

第三节　基于核心素养的初中英语
学科实践的评价方式

"课程实施中的评价活动有多种，如课堂评价、作业评价、单元评价，以及期末评价。"① 在初中英语学科实践的开展中，教师要以学生核心素养的培养为重点，发挥好教学评价的效果。

一、课堂评价

（一）课堂评价的内涵

"课堂评价主要指对学生课堂学习行为、学习方式和学习表现的评价。"② 其主要目的在于通过对学生学习活动的反馈，促进学生的学业发展，优化教学过程，并帮助教师更好地了解课堂教学效果。课堂评价是对学生学习全过程的动态观察与评估，有助于教师根据教学目标的达成情况和学生的实际学习需求做出及时、有效的调整。教师在开展课堂评价时需以明确的课堂教学目标为导向，教学目标是课堂评价的核心依据，只有明确了教学目标，教师才能合理评估学生的学习行为是否符合预期的发展方向。课堂教学目标通常包括知识、技能、

---

① 中华人民共和国教育部. 义务教育英语课程标准（2022 年版）［S］. 北京：北京师范大学出版社，2022：54.
② 中华人民共和国教育部. 义务教育英语课程标准（2022 年版）［S］. 北京：北京师范大学出版社，2022：54.

情感态度等多方面内容，评价也应当涵盖学生在这些方面的全面表现。教学目标的明确不仅有助于教师设计有效的评价工具和策略，也能够使学生更加明确自身学习的努力方向，提升学习的自我效能感。因此，课堂评价不能只局限于对学生学业成绩的量化考核，而是应兼顾学习过程中的行为和表现，为学生提供个性化的反馈。

课堂评价是教师了解学生学习过程的重要途径。通过评价，教师可以及时掌握学生在课堂中的学习进展，包括他们的知识掌握情况、学习策略的应用情况以及学习兴趣的变化等。这种动态的反馈不仅能够帮助教师了解学生当前的学习水平，还能够识别出学生在学习过程中可能遇到的困难和障碍。对于教师而言，评价的结果能够为教学设计提供数据支持，使其能够根据学生的实际学习状态及时调整教学方法和节奏。学生学习过程中的差异性是显而易见的，课堂评价为教师提供了深入了解个体差异的契机，使其能够针对不同学生的需求，采取相应的教学干预措施，以帮助学生更好地实现学习目标。课堂评价也能促进学生在学习中的自我反思与成长，通过教师的评价反馈，学生可以清楚地认识到自身在学习中的优势和不足，并在此基础上进行调整和改进。此外，课堂评价还有助于学生学习方式的优化，通过评价，教师能够了解学生在学习中的个体差异，并根据学生不同的学习风格、兴趣和需求，为其提供有针对性的学习建议。不同学生的学习方式千差万别，课堂评价的目的之一就是帮助学生找到适合自身的学习方法，从而提高学习效率。教师可以通过对学生学习方式的评价，进一步引导学生选择最适合自己的学习策略，增强其自主学习能力。

课堂评价也是教师自身教学反思和改进的依据。通过对学生的学习行为和表现进行评价，教师可以从中发现教学过程中存在的不足，进而改进教学设计、调整教学策略。这种反馈机制不仅对学生的学习有积极影响，对教师的专业发展同样至关重要。通过评价学生，教师能够更清楚地认识到教学内容、教学方法和教学策略是否有效，从而不断提高自己的教学能力。课堂评价不是一种单向的评估工具，而是促进教师与学生互动、实现教学相长的关键环节。

（二）课堂评价的设计

教师在教学过程中承担着引导学生学习、促进学生全面发展的重要责任，为了有效达成教学目标，教师应采取多样化的评价方式，全面、深入地了解学生的学习状态及其在课堂中的表现。

评价学生的兴趣和投入程度是教师判断其教学效果的重要途径之一。学生对课堂任务的兴趣直接影响其在课堂中的表现和学习效果，教师可以从学生在课堂互动中的积极性、参与度等方面观察其对学习任务的兴趣水平。例如，学生在提问环节的回答不仅反映了其对知识的掌握程度，还体现出其对问题的思考深度和对知识的理解力。教师可以通过这些细节了解学生对学习任务的兴趣程度，从而在后续的教学中调整教学内容和方式，激发学生的学习动机。此外，小组讨论和观点综述等环节能够进一步体现学生在合作学习中的表现。通过小组讨论，教师可以评估学生的合作能力和团队精神，并观察学生是否能够在合作过程中积极参与、提出自己的想法，以及是否能够有效倾听和回应其他同学的观点。这不仅有助于评估学生在完成任务过程中的适应情况，还能进一步了解学生在解决问题时的创造力和批判性思维能力。观点综述则可以让学生总结和表达自己的见解，教师可以通过学生的表达了解其逻辑思维能力并判断其对课堂内容的理解深度，进而为其提供有针对性的反馈和指导。

自评和互评是培养学生的反思能力以及开展同伴间学习的重要环节，通过自评，学生可以自主反思自己在课堂活动中的表现，并进一步认识到自己的优缺点，从而培养自主学习的意识和能力。而互评则为学生提供了一个评价他人、学习他人优点的机会，通过与同伴的互评，学生可以获得不同角度的反馈，这有助于他们在与他人交流和协作中提高学习成效。在这两个环节中，教师应引导学生客观、公正地评价自己和他人，帮助他们发展自我监控和批判性思维能力。

随堂检测是一种常见的即时反馈工具，能够帮助教师迅速了解学生对所学内容的掌握程度。通过随堂检测，教师可以即时调整课堂进度，针对学生的薄弱环节进行强化训练，确保学生能够及时巩固所学知识。随堂检测的结果为教师后续的教学决策提供了数据支持，使得教学更加具有针对性和有效性。在对学生表现进行评价的过程中，教师不仅要关注学生的学业成绩，还要关注学生在解决问题过程中的能力和情感发展水平。学业表现仅仅是学生发展的一个方面，学生的情感、社会技能和问题解决能力等"软技能"同样至关重要。在课堂中，学生面对复杂问题时展现出的批判性思维、创造力、团队合作能力以及情感管理能力都应成为教师评价的重点。这些能力的培养不仅有助于学生当前的学业发展，而且为他们未来在职场和生活中的成功奠定了基础。教师可以观察学生在讨论和任务中的表现，分析其在解决问题时是否能够保持冷静并有效应对挑战、是否能够与他人较好地合作，并在此基础上对学生进行个性化的指导和建议。

在评价过程中，教师应使用多样化的反馈方式，例如口头反馈、书面反馈和肢体语言反馈等。其中，口头反馈能够即时有效地对学生的表现做出反应，并及时鼓励或纠正学生；书面反馈可以更加系统，详细地帮助学生了解自己在哪些方面做得好，哪些方面需要改进；肢体语言反馈（如点头、微笑等）虽然简单，但也能够传递教师的支持和认可，增强学生的自信心。这些反馈方式相互结合，不仅能够促进学生的认知发展，还能够提升他们的学习兴趣和动力。此外，量表等评价工具也是教师进行学生评价的重要手段。通过使用量表，教师可以将抽象的评价标准具体化，使得评价过程更加客观和系统化。量表不仅可以用来评估学生的学业表现，还可以用来评估学生的行为、情感和社会技能发展。例如，教师可以根据学生在小组讨论中的表现，使用合作能力量表对其团队合作能力进行评分，从而更加精确地把握学生在不同能力维度上的发展情况。

评价不是教学的终点，而是改进教学的起点。教师在通过多样化的评价工具和方式对学生进行全面评价后，应基于学生的表现，调整下一阶段的教学目标和教学策略。每个学生的学习情况和发展需求各不相同，教师需要根据评价结果，对教学内容、教学方式等进行个性化的调整。对于表现出较强学习能力的学生，教师可以设计更具挑战性的任务，以进一步激发其潜能；而对于在某些领域存在困难的学生，教师则可以提供更多的帮助和支持，通过个性化的教学策略帮助他们克服学习障碍。例如，教师可以根据学生在随堂检测中的表现及时调整教学进度，确保学生充分掌握当前阶段的知识和技能后，再进入下一阶段的学习。教师在调整教学目标和方式时，应注重提高整体教学效率，有效的评价不仅能帮助教师发现学生的不足，还能帮助教师发现自己教学中的不足之处，教师应通过不断反思和调整来优化教学方法，以提高课堂效率。

二、作业评价

(一)作业评价的内涵

作业评价是教学过程中的关键环节,是教师了解学生学习情况、反馈教学效果的重要手段之一。通过作业评价,教师能够全面、及时地掌握学生对所学知识的理解程度,进一步了解学生语言能力的发展情况。这一过程实际上是教师与学生之间一种间接的沟通,教师可以通过学生作业中的问题与表现,了解学生对知识掌握的深度和广度,进而推测出他们在课堂学习中的参与度、思考能力以及应用能力。通过对学生作业的深入分析,教师不仅能够了解学生对课堂教学内容的接受程度,还能够进一步发现学生在学习过程中可能存在的个体差异,如学习速度、理解能力和知识运用的熟练程度等,这为教师有针对性地调整教学策略以及改进教学方法提供了重要依据。

作业评价的作用不仅体现在对学生的学业进展进行评估,还体现在为教师检验自身教学效果提供了一条直观的反馈渠道。学生作业的质量与教师的教学效果之间存在密切联系,学生作业完成的质量直接反映出其对教师传授知识的理解和内化程度。通过学生的作业,教师可以审视自己的教学设计是否合理、教学内容的难度是否适中、教学方法是否有效等,从而进行必要的教学反思和调整。例如,大部分学生在作业中出现了同类型的错误,教师需要考虑是否在课堂上对相关知识点的讲解不够深入,或者教学方法没有很好地激发学生的思维,这就为教师后续的教学调整提供了依据。此外,作业评价还能够帮助教师发现学生在学习过程中遇到的共性问题和个体问题。其中，前者可能涉及教学内容的难点或教学方式的不足，后者则可能反映出学生的个体学习需求，这就要求教师在后续的教学过程中既关注集体教学效果，又因材施教，照顾到不同学生的学习差异性。

作业评价是一种有效的教学互动方式，教师是学生学习过程中的指导者和合作者，通过作业评价，教师既能发现学生的错误并指出其不足，又能给予积极的反馈和鼓励，帮助学生树立信心，提升学习兴趣。这一过程有助于建立一种积极的师生互动关系，教师的评价不仅能够为学生指明改进方向，也能够引导学生形成正确的学习态度和良好的学习习惯。此外，教师在作业评价中所传递的评价方式和态度也在潜移默化中影响着学生的学习动机和情感发展。通过及时、恰当的评价，教师可以促进学生的自主学习意识的增强，激发其对学习的主动性和创造性。

作业评价还可以为教学决策提供数据支持，帮助教师合理调整教学内容和教学进度。在教学过程中，教师通常根据教学计划进行课程推进，但由于每个班级、每个学生的学习情况不同，实际的教学效果往往有所差异。通过对作业的评价，教师能够及时掌握学生的学习状态，从而调整教学内容的安排。例如，教师可以根据学生作业中所暴露的问题，适当延长或缩短某些知识点的讲解时间，或者引入更多的实践性教学活动，帮助学生更好地理解和掌握相关知识。此外，作业评价还可以作为教师了解学生学习习惯和学习能力差异的窗口，教师可以根据学生作业中的表现对其进行分层次指导，实施差异化教学。作业评价既是一种评估手段，也是一种教学反馈机制，能为教师的教学决策提供有力的支持和参考依据。

（二）作业评价的设计

作业评价不仅承载着检验学生学习成效的功能，还蕴含着重要的育人价值。作为教学过程中的一个关键反馈机制，作业评价的设计与实施应当紧密围绕学生的能力培养与核心素养提升这一目标。英语学习是对语言知识的积累与语言技能的应用，作业是课堂教学的延伸与补充，应有效巩固学生在课堂上所学的词汇、语法等基础知识，同时通过听、说、读、写等多种形式的实践活动强化学生的语言运用能力。教师在设计作业时要充分考虑作业内容与形式的多样性，确保作业既能覆盖语言知识的各个层面，又能激发学生的学习兴趣，使其在完成作业的过程中不断巩固与提升语言技能。作业评价还应着眼学生学习策略的有效运用与学习动机的增强，其中学习策略是学生为了提高学习效率、优化学习过程而采取的一系列方法与技巧，其有效运用对于提升学习效果具有至关重要的作用。在初中英语作业设计中，教师应当注重引导学生运用认知策略、元认知策略等，帮助学生更高效地掌握语言知识，提升自主学习能力。例如，教师通过设计需要学生自主查阅资料、归纳总结的作业任务，可以促使学生运用认知策略进行深度学习；通过设置反思性作业，让学生对自己的学习过程与结果进行自我评价，则可以培养其元认知能力。学习动机是推动学生持续学习、克服困难的内在动力，在初中英语作业评价中，教师应注重激发学生的学习动机，使他们从内心深处产生对英语学习的兴趣与热情。这就要求教师在设计作业时充分考虑学生的兴趣爱好与实际需求，使作业内容贴近学生的生活，具有趣味性与挑战性。在坚持能力为重、素养导向的教学理念下，初中英语教师在设计学科实践作业时还需注重作业的综合性与实践性。其中，综合性是指作业内容应涵盖语言的多个方面，如听、说、读、写技能的综合运用，以及语言知识与文化知识的融合。设计综合性的作业任务，可以促使学生全面发展语言能力，提升跨文化交际能力。实践性则是指作业应紧密联系学生的生活实际，让学生在完成作业的过程中能运用所学知识解决实际问题。例如，可以设计以某一主题为背景的调研报告、海报制作、角色扮演等作业任务，让学生在实践中运用英语，体验英语学习的乐趣与价值。

初中生的认知能力、思维方式以及学习动机具有独特性，这一阶段的学生通常具备较强的模仿能力，对语言学习具有敏感性，但他们在自我管理和独立学习方面仍存在一定的不足。因此，教师在设计单元作业和课时作业时应考虑到这些认知特点，满足学生的学习需求并激发他们的学习兴趣和积极性。首先，教师需要基于单元教学目标，制定科学合理的作业设计方案。单元教学目标不仅指向语言知识的传授，更强调语言运用能力的培养。在作业内容的选择上，教师应关注任务的真实性和实用性，确保作业能够与学生的日常生活和学习经验相结合，以增强学生的学习动机。同时，作业应涵盖听、说、读、写等多种语言技能，以促进学生全面发展；应突出与学生生活相关的主题，使学生能够在真实语境中应用所学知识，从而提高他们的学习成就感。其次，教师在设计作业时要充分考虑个体差异。初中生的学习能力、学习习惯和兴趣爱好各不相同，教师应根据学生的实际情况灵活调整作业的难度和数量。对于学习能力较强的学生，可以适当增加作业的挑战性，鼓励他们进行更深入的思考与探索；而对于学习能力相对薄弱的学生，教师则应设计简单易懂的作业，以帮助他们建立自信心。此外，在作业数量的安排上，教师应遵循"适度原则"，避免因作业过多而导致学生的学习负担加重，使他们感到焦虑和无助。最后，教师要关注学生的情感体验，努力为学生营造积极的学习氛围。积极的情感体验能够显著提升学生的自我效能感，激发他们的学习兴趣。教师应通过反馈、鼓励等方式，及时关注和引导学生的情感变化。教师在作业设计中可以增加一些与同伴合作的任务，鼓励学生进行小组讨论和合作学习，增强彼此之间的互动和支持。

教师在作业评价中应注重创设真实的学习情境，以此促进学生对语言学习的深入理解和实际应用。真实的学习情境能够有效地将课堂所学与学生的日常生活联系起来，使学生能够更好地理解所学知识的实际意义。在此基础上，教师应设计多样化的作业类型，以满足不同学生的学习需求，激发他们的学习潜能。具体而言，作业设计应包括复习巩固类、拓展延伸类和综合实践类等多种类型，旨在从不同角度引导学生全面发展。其中，复习巩固类作业（如朗读和复述）不仅有助于学生加深对课文内容的理解，还能提高他们的语言表达能力。通过朗读，学生能够练习正确的发音和语调，增强语言的流利性和准确性；而复述则促使学生在听的过程中整理思路，加深对语言结构的理解。这类作业形式能够有效地帮助学生在语言使用中形成自信，提升口语表达能力。拓展延伸类作业（如书面表达、故事创编和调研采访等）鼓励学生将所学知识应用于更广泛的情境中，从而促进他们创造性思维与批判性思维的发展。其中，书面表达作业可以引导学生在写作中运用所学的词汇和语法知识，提高他们的书面表达能力；故事创编能够激发学生的想象力，促使他们在创作过程中运用所学的语言知识，实现语言与思维的有机结合；调研采访不仅锻炼了学生的沟通能力和社交能力，还让他们学会如何在真实情境中运用语言，获取信息。

综合实践类作业（如海报制作、戏剧表演和课外阅读等）强调了学习的实践性和互动性。其中，通过海报制作，学生可以将所学知识以图文并茂的形式展示出来，培养信息整合能力与审美能力；戏剧表演不仅能够增强学生的团队合作精神，还能够提高他们的语言表达能力和临场应变能力，这些都是语言学习中不可或缺的重要素养；而课外阅读则鼓励学生在课外拓宽视野，增强他们对不同文化背景的理解和包容，进而提高他们的跨文化交际能力。在作业设计与评价过程中，教师应始终关注学生在完成作业时所表现出的语言能力和思维品质的提升。教师在评价作业时既要关注学生的语言使用是否准确，也要关注学生在完成作业过程中所表现出的思维过程与创造性表达。通过有效的评价机制，教师能够及时发现学生在学习过程中的困难与不足，有针对性地调整教学策略以促进学生的自主学习。

三、单元评价

（一）单元评价的内涵

"单元评价旨在考查学生完成单元学习后所达到的核心素养水平，包括单元学习过程评价和单元学习结果评价两个方面。"[①] 单元学习过程评价和单元学习结果评价相辅相成，共同构成了对学生学习状态和能力发展的全面评估。

单元学习过程评价是对学生在学习过程中各项能力发展的动态监

---

① 中华人民共和国教育部. 义务教育英语课程标准（2022 年版）[S]. 北京：北京师范大学出版社，2022：57.

测,通过观察、记录和反馈,教师能够及时了解学生的学习状态与困难。这种评价方式强调学习过程的价值,能够激励学生在学习中保持积极性和主动性,并促进教师的教学调整与优化,为学生核心素养的形成与发展提供全面而深入的反馈。在语言知识与技能的发展方面,可以通过观察学生在各种语言活动中的参与度和表现来开展单元学习过程评价。学生在交流、讨论、写作等具体活动中展示的语言运用能力是其语言知识内化和技能提升的重要体现,教师可以通过课堂观察、同伴评价、自我反思等多样化的评价方式全面捕捉学生在语言学习过程中的变化和进步。学生是否能够准确、流畅地运用语言进行表达与交流是衡量其语言素养高低的关键指标,评价需细致观察学生在听、说、读、写等各个方面的表现,特别是他们在具体情境下如何灵活运用语言知识解决实际问题,以及在此过程中展现出的语言技能的进步情况。动态的评价机制有助于教师及时调整教学策略,以更好地满足学生的学习需求,促进其语言能力的进一步发展。此外,文化知识的构建也是单元学习过程评价的重要维度,在全球化背景下,学生需具备跨文化理解与沟通的能力,这要求他们在学习过程中不断积累并内化多元文化知识,形成开放包容的文化观。在单元学习过程评价中,教师应关注学生如何通过学习材料理解不同文化的背景、价值观及行为模式,以及他们能否将所学知识融入个人的认知体系并构建起丰富多元的文化知识框架。核心策略与方法的掌握和运用是衡量学生学习能力的重要指标,有效的学习策略和方法不仅能够帮助学生更高效地完成学习任务,还能够促进其自主学习能力的形成。单元学习过程评价需细致分析学生在学习过程中采用的策略与方法,如信息处理、时间管理、合作学习等,评估其合理性与有效性,进而指导学生不断优化学习策略，提升学习效率。思维品质表现是单元学习过程评价的一个重要方面，贯穿整个学习过程，影响着学生对知识的理解、分析与应用。单元学习过程评价应聚焦学生思维的深度、广度、灵活性及创造性等多个维度，通过观察他们在解决问题、批判性思考、创新设计等方面的表现来评估其思维能力的发展水平。这不仅能够为教师提供调整教学策略的依据，还能够激励学生不断挑战自我，实现思维品质的飞跃。

单元学习结果评价则主要关注学生在单元学习结束时所取得的学习成效，通过对学生学习结果的评估，可以有效检验教学目标的达成情况及教学效果。结果评价通常采用标准化测试以及项目展示等多种方式，旨在全面反映学生对知识的掌握程度和应用能力。在这个过程中，教师能够获得直观的数据支持，这有助于他们分析教学效果并改进教学策略，从而提升教育质量。首先，英语学科实践单元学习结果评价强调知识技能的综合运用。在单元学习过程中，学生既要掌握词汇、语法等基本的语言知识，也要具备将这些知识灵活应用于实际情境的能力。在进行评价时，教师应关注学生能否在阅读、听力、口语、写作等多个维度上准确、流畅地运用英语进行信息交流，这既是对学生语言学习成果的直接检验，也是对其语言运用能力的深度考查。单元学习结果评价可以促进学生将零散的知识点串联成网，形成系统的语言知识体系，进而提升其在复杂语境下的综合语言运用能力。其次，方法策略的有效运用是评价的另一个重要维度。学生需学会如何高效地学习，包括如何制订学习计划、选择合适的学习资源、运用学习策略解决问题等。评价时，应着重考查学生能否根据学习任务的特点，灵活运用诸如归纳总结、对比分析、批判性思维等方法策略，以提高学习效率和质量。对方法策略的评价不仅有助于学生形成良好的学习习惯，还能培养其自主学习和终身学习的能力，为其未来的持续发展奠定基础。再次，价值观念的融入与体现是评价中不可或缺的部分。英语学习既是语言技能的习得，也是文化理解、国际视野与人文素养的培养。在单元学习结果评价中，应考查学生是否理解和尊重多元文化，形成开放包容的价值观念，在表达思想、观点和看法时是否体现出正确的世界观、人生观和价值观。最后，正确的价值判断是单元学习结果评价中至关重要的一环。学生需具备对事物进行客观分析、理性判断的能力，能够基于事实依据，形成独立见解，并且能用英语将其清晰、准确地表达出来。这要求学生不仅掌握语言工具，而且具备批判性思维，能够在复杂多变的信息环境中做出正确的价值判断。在进行评价时，教师应通过设计情境模拟、案例分析等任务考查学生的价值判断能力，引导其在实践中全面发展核心素养。

（二）单元评价的设计

教师在设计英语学科实践的单元评价方案时，应对单元教学目标进行精准解读，确保其与核心素养的各个维度相匹配。评价的设计应体现出对学生全面发展的关注，采用多元化的评价方式以更好地反映学生的真实能力和综合素养水平。首先，单元评价的多元性不仅体现在评价主体的多元化上，还体现在评价形式的丰富性上。评价主体不应仅限于教师，学生的自我评价与同伴互评也应成为重要的组成部分。让学生参与评价过程，不仅可以增强他们的自我反思能力，还可以促进同伴之间的互动与合作，从而进一步激发学生的学习动机与提升学生的团队协作能力。同时，家长是学生学习的重要支持者，也可以在某些评价环节中发挥积极作用，提供家庭视角下的反馈意见，帮助教师更全面地了解学生的学习状态和发展需求。通过多元主体参与，评价的过程将不再是单向的、由教师主导的评估活动，而是多方合作共同促进学生发展的互动过程。其次，单元评价应注重多种手段和形式的结合，避免单一评价工具的使用。虽然传统的书面考试在测试学生的语言知识和应试能力方面具有一定的优势，但无法全面反映学生的实际语言运用能力。因此，单元评价中应结合多种形式，如口语测试、课堂表现评估、项目式学习成果展示、演讲、辩论、角色扮演、写作任务等多样化的手段，以确保能够全面考查学生在不同情境下的语言使用能力和思维水平。同时，在评价内容的设置上也应注意与实际生活的关联，鼓励学生在真实情境中运用所学知识，体现出语言学习的实践性和应用性。此外，单元评价的实施过程应具备一定的灵活性和开放性。教师在组织评价活动时，应根据学生的不同特点和发展水平适当调整评价标准和方式，以满足学生个性化发展的需求。特别是对于那些在某些方面表现相对较弱的学生，评价的目的应放在如何促进其进一步发展上。评价的过程应该是一个连续的、动态的过程，贯穿整个单元的教学活动，而不仅仅是单元结束时的结果评定。通过阶段性、过程性的评价，教师能够及时掌握学生的学习进展，并根据评价结果调整教学策略，帮助学生在学习过程中不断改进与提升。

英语学科实践的单元学习过程评价应关注学生在单元学习过程中的动态表现。首先，单元评价能够直接反映他们对所学内容的理解和掌握程度。通过系统性的单元评价，教师可以观察学生是否能够按质按量地完成单元学习任务，以及他们在自主学习中表现出的态度和能力。单元评价既是学生学习成果的展现方式，也是教师评估其学习进度的有力工具。单元评价的结果能够帮助教师识别学生在学习过程中的瓶颈，从而为后续的教学设计和指导提供参考。其次，语言表达的准确性和流畅性是评估学生英语应用能力的核心指标。其中，准确性评估关注的是学生是否能正确使用语言元素，避免语法错误、词语误用等问题；而流畅性则主要体现在学生表达的自然程度，如是否能够灵活运用所学语言进行无障碍沟通与交流。在单元学习过程评价中，通过口头报告、书面作业、小组讨论等多种形式，教师可以全面考查学生的语言表达能力并据此给予反馈，帮助学生逐步克服语言障碍，提升语言综合运用能力。再次，思维的深度和广度是评价学生认知水平的重要维度。英语学科不仅关注语言本身的学习，还强调学生思维能力的发展。在思考问题时，学生需要具备一定的分析和综合能力，能够从多角度、深层次探讨问题。思维的深度体现了学生对问题本质的理解和分析能力，而思维的广度则体现在学生能够将问题置于更广泛的语境中加以探讨。这既是对其英语语言能力的检验，也是对其跨学科思维能力的考查。通过对问题的深入思考，学生能够更好地形成对英语学习内容的个性化见解，并提升其批判性思维能力。最后，围绕单元内各语篇子主题所形成的知识结构与价值判断是评价学生综合素养的重要方面。单元学习往往围绕一个主题而开展，涵盖多个子主题或语篇。学生在学习过程中需要通过这些子主题来建立整体的知识框架并形成对该主题的深入理解，进而深入探究语篇背后的文化内涵、社会现象及价值观念。教师在进行评价时应注重学生知识体系的建构与价值观的塑造，考查学生能否将所学知识系统化，并在尊重多元文化的基础上做出合理的价值判断。

单元学习结果评价是衡量学生核心素养发展的重要手段，应综合考查多维度成果。首先，项目学习的成果是评价学生英语综合应用能力的重要依据。项目学习通常要求学生围绕特定主题或任务，运用所学知识进行实际操作和问题解决，鼓励学生通过自主探究、合作交流等方式完成具体任务，从而在实践中深化对语言知识的理解和应用。对项目学习成果的评价不仅要考查最终成果的质量和创新性，还应关注学生在项目过程中的参与度、合作能力以及问题解决策略的运用，以此来全面评估学生的语言综合运用能力和高阶思维能力。其次，口语和书面产出任务的整体水平是英语学习中不可或缺的评价要素。在口语方面，评价不仅要关注学生的发音、语调等基本语言技能，还要考查他们的表达逻辑、语言组织，以及与听者互动的能力。这些因素直接影响了学生在真实交际情境中的表现，是衡量其语言能力的重要指标。书面产出任务则关注学生在书面表达中的语言准确性、逻辑性以及创意性。通过对书面产出任务的分析，可以了解学生在不同文本类型中的表达能力，以及他们对词汇、语法和修辞手法的运用熟练度。此外，书面产出还可以反映出学生在构建结构严谨、内容连贯的文本方面的能力，进而衡量其语言综合运用能力。再次，单元学习的总结归纳与反思同样是评价的重要维度。在完成一个单元的学习后，学生能否有效地进行自我总结与反思直接关系到其对所学内容的内化程度。反思性学习能够促使学生在认知上进行更深层次的加工，将零散的知识整合为系统的认知结构。通过对学习过程的反思，学生可以明确自己在学习中的优势与不足，进而调整后续的学习策略。教师的评价应关注学生的反思深度、总结的条理性和准确性，以及学生是否能够从失败中汲取教训、从成功中提炼经验。最后，单元纸笔测试的表现也是衡量学生学习效果的重要依据。尽管纸笔测试在某种程度上具有一定的局限性，无法全面反映学生的实际能力，但其仍然是评价学生掌握基础知识和技能的重要手段。通过纸笔测试，教师可以检测学生在特定领域内的知识掌握情况以及对语言规则的理解程度。虽然这种标准化的评价方式不能替代其他形式的评价，但可以作为评价学生学习成果的重要手段。教师在设计纸笔测试时应注重题目的多样性和层次性，确保能够全面覆盖单元教学目标，并对不同层次的学生进行公平的评价。

四、期末评价

（一）期末评价的内涵

期末评价不仅是对学生一个完整学期学习成效的总结性评估，也是对教育教学活动效果的一种反馈机制，有助于教师调整教学策略，促进学生全面发展。英语学科实践的期末评价设计与实施应紧密围绕课程目标、课程内容以及学业质量要求，构建多元化、综合性的评价体系，确保评价的全面性和有效性，从而准确衡量学生在学期结束时核心素养发展的实际水平。

首先，课程目标为期末评价提供了根本遵循。初中英语学科的课程目标不仅限于语言知识和技能的掌握，也强调语言运用能力、文化意识、思维品质和学习能力的综合培养。因此，英语学科实践的期末评价应充分体现这些目标，通过设计评价任务，如情境对话、主题演讲、阅读理解与写作等，来全面评估学生在听、说、读、写等方面的综合能力，以及他们在实际语境中运用英语进行交流的能力。同时，评价还需关注学生的跨文化意识，考查他们能否在不同文化背景下恰当、有效地使用语言，展现其国际视野和跨文化沟通的能力。

其次，课程内容直接决定了期末评价内容的广度和深度。英语学科的课程内容涵盖了语音、词汇、语法等基础知识，以及阅读理解、听力理解、口语表达、书面表达等技能训练，同时融入了文化意识、学习策略等更高层次的要求。期末评价需依据这些内容设计多样化的评价任务，既考查学生对基础知识的掌握情况，又评估他们在复杂情境下运用知识解决问题的能力。例如，要求学生对基于真实情境的阅读材料开展分析、综合、评价等高级思维活动，可以检验学生的阅读理解能力和思维能力；设计情境对话、主题写作、文化比较等项目，可以考查学生综合运用语言知识和技能的能力，以及他们在特定语境下解决问题的能力。

再次，学业质量要求是期末评价不可或缺的参考标准。学业质量要求是对学生学习成果的具体描述，它明确了学生应达到的学习水平和表现标准。英语学科实践的期末评价应依据学业质量要求设定合理的评价标准，确保评价的客观性和公正性。这要求评价者不仅关注学生的语言输出质量，如语言的准确性、流利性和得体性，而且重视其思维过程的展现，如逻辑推理、信息整合等能力的体现。设定清晰、具体的评价标准，可以帮助学生明确学习目标，引导他们在学习过程中不断向更高水平迈进。

最后，英语学科实践的期末评价应采用不同类型的综合性和表现性评价方式。其中，综合性评价强调对学生多方面能力的综合考量，教师应设计包含多种任务类型的评价活动（如口语测试、写作任务、阅读理解、听力理解等），全面评估学生的核心素养水平；表现性评价则侧重学生在完成具体任务过程中的表现，通过观察、记录和分析学生在实际情境中的语言运用行为，评价其语言运用的准确性、流利性和得体性，以及在学习过程中展现出的学习策略、合作精神和创新思维等。这两种评价方式相辅相成，共同构成了英语学科期末评价的主体框架，为全面、有效地考查学生的核心素养提供了有力支持。

总之，英语学科实践的期末评价不仅是对学生语言知识掌握情况的总结性考查，也是对其语言综合能力和核心素养发展的全方位评估。在实际操作中，教师需要根据课程目标、课程内容以及学业质量要求，综合运用多种评价方式，确保评价过程的科学性、全面性和有效性。

（二）期末评价的设计

期末评价是衡量学生学习成效、反馈教学效果的重要环节，其设计与实施需遵循科学、全面、公正的原则，以确保评价结果的准确性和有效性。英语学科实践的期末评价方式不应局限于传统的纸笔测试，而是应探索并采纳纸笔测试与非纸笔测试相结合的多元化评价体系，通过多维度、多层次的评估手段，全面考查学生的语言知识掌握程度、语言技能运用能力以及在真实情境中的交际表现，促进学生英语学科核心素养的全面提升。

纸笔测试是一种传统且有效的评估方式，能够较为系统地检验学生对语法、词汇、阅读理解等语言基础知识的掌握程度。通过标准化的题目设计，教师能够较为准确地判断学生在语法规则、词汇量积累以及语言表达规范性方面的学习状况，从而为后续教学提供反馈。然而，英语是一门强调交际功能的语言学科，单纯依赖纸笔测试无法全面反映学生在真实情境中的语言运用能力。因此，非纸笔测试的引入成为必要补充。非纸笔测试可以通过口语表达、互动对话、角色扮演、小组讨论、项目展示等方式开展，这些评价方式能够直接观察学生在模拟真实情境中的语言行为，评估其语言交际的流利度、准确性、恰当性及创造性。例如，通过口语测试，教师可以直接评估学生的发音、语调、词汇运用及交际策略；而角色扮演和小组讨论则能考查学生在特定情境下的语言应变能力、团队合作及问题解决能力。

在构建多元化评价体系的过程中，素材的选择至关重要。素材不仅应体现正确的价值导向，引导学生形成积极向上的世界观、人生观和价值观，还应具备真实性、鲜活性和贴近学生生活的特点。其中，真实性意味着所选素材应源于现实生活，反映当代社会的文化、科技、教育等多个领域的内容，使学生能够在熟悉的语境中学习和使用英语，增强其语言学习的动机和兴趣；鲜活性则要求素材新颖、有趣，能够激发学生的好奇心和探索欲，促进其主动学习。同时，素材内容应贴近学生的生活实际，关注学生的兴趣爱好、成长经历及未来规划，使英语学习与学生的个人发展紧密相连，增强学习的针对性和实效性。

期末评价中的情境和任务设计应体现交际的真实性，测试中的任务设置不应仅停留在语言形式的考查上，而是应注重语言的实际功能与使用效果。交际情境中语言的核心功能是实现信息的传递与沟通，测试中的情境设计应尽可能模拟真实的交际场景，要求学生在特定的语境下进行语言输出或互动。情境和任务应为学生所熟悉，以激发其已有的知识经验和情感体验，促进语言知识的活学活用。例如，可以设计与学生日常生活紧密相关的购物、旅行、餐饮、学习交流等情境，让学生在完成具体任务的过程中展示其语言技能，如询问价格、预订机票、点餐、参与课堂讨论等。这种评价方式不仅能够考查学生的语言运用能力，还能够培养其解决实际问题的能力，体现出交际的真实性。

　　英语学科实践的期末评价方式并不仅限于传统的考试评估，还可以通过多种其他评价手段更加全面地了解和衡量学生的学习情况。建立学习档案袋是一种注重过程性评价的有效方法，它强调对学生整个学习历程的记录与追踪，而非仅仅关注最终的学习成果。学习档案袋的内容可以包括但不限于学生的课堂作业、课外阅读材料、项目报告、口语练习录音、写作草稿及修订稿、参与课堂讨论的记录、同伴评价反馈等。这些材料不仅记录了学生在学习英语过程中所付出的努力，如时间投入、策略运用、资源利用等，还直观地展示了学生在语言技能、文化知识、学习策略、情感态度等多维度上的成长与进步。通过学习档案袋的建立，教师可以更加全面、深入地了解每个学生的学习轨迹，识别其学习的优势与不足，以便为学生后续的学习提供有针对性的指导与支持。同时，学习档案袋也鼓励学生进行自我反思，促使他们主动监控自己的学习进程，培养自主学习能力和元认知能力。此外，学习档案袋还为学生提供了一个展示自己学习成果的平台，增强了学生学习的动机和成就感，有助于他们形成积极向上的学习态度。开展师生面谈是另一种深化期末评价内涵、增进师生互动的有效手段。在面谈过程中，教师可以通过开放性问题引导学生表达自己对学习内容的理解、学习方法的选用、学习困难的感受以及对未来学习的规划等，从而深入了解学生的内心世界，准确把握学生的学习需求与心理状态。这种面对面的交流方式相较于书面评价更能体现人性化的关怀，有助于建立基于信任与尊重的师生关系，为学生的学习创设一个支持性的环境。师生面谈既是对学生学习情况的直接反馈，也是对学生个体差异的尊重与回应。通过面谈，教师可以根据学生的实际情况提出个性化的学习建议，帮助学生明确学习目标，制订合理的学习计划，解决学习中遇到的具体问题。同时，面谈也是鼓励学生表达自我、增强自信心的机会。学生在与教师的对话中能够逐渐学会如何与人沟通并有效表达自己的想法，有利于提高其英语口语表达能力和思维能力。

第七章　基于核心素养的初中英语
学科实践的优化路径

本章主要聚焦基于核心素养的初中英语学科实践的策略优化问题。首先，初中英语学科实践要凸显中国式现代化进程中英语课程的育人价值；其次，初中英语学科实践要构建文化共生教育的"第三空间"；最后，教育者在实际教学中要秉持英语学习活动观，强化初中英语学科实践。

第一节　凸显中国式现代化进程中
英语课程的育人价值

习近平总书记在党的二十大报告中提出"以中国式现代化全面推进中华民族伟大复兴"，进一步明确了"中国式现代化，是中国共产党领导的社会主义现代化，既有各国现代化的共同特征，更有基于自己国情的中国特色"①。教育现代化是中国式现代化的重要组成部分，而教育是文化的表现形式，具有传授文化的功能。中国式教育现代化

---

① 习近平. 高举中国特色社会主义伟大旗帜 为全面建设社会主义现代化国家而团结奋斗：在中国共产党第二十次全国代表大会上的报告［EB/OL］.（2022-10-25）［2024-08-20］. http：//www. gov. cn/gongbao/content/2022/content_ 5722378. htm.

既是对中国特色文化的现代阐释，也体现出世界文化交流的共同特征。英语教育是基础教育体系的重要组成部分，在文化交流和国际合作等领域起着不可或缺的作用。新时代英语教育要担当起新的文化使命，要坚定文化自信、坚持守正创新和秉持开放包容，推动世界各国文明互鉴，助力建设中华民族现代文明。英语教育的文化逻辑要求在学科实践中传承发展中华优秀传统文化、创造新时代中国特色社会主义文化和推动中华文化更好走向世界。

一、中国式教育现代化的文化意涵

"教育现代化是一个文化事件或文化过程，其核心是人的现代化、文化的现代化。推进教育现代化的过程，就是在教育系统乃至整个社会系统中培育'现代人'，形成切合现代性的文化意识和文化形态。"①中国式现代化离不开教育现代化，而教育是文化的表现形式，具有传授文化的功能，同时受制于文化的发展。近代中国在早期的教育现代化进程中，从新学制的引进到教育实验的盛行都不可避免地打上了西方现代化的烙印。中华人民共和国成立以来，随着我国综合国力的不断增强，教育现代化稳步推进。中国特色社会主义进入新时代，教育现代化除了体现各国教育现代化的共同特征之外，更加迫切地需要体现中国特色。教育是对文化的传承和创新，文化是一个民族标志性的内在精神的总和，中国式教育现代化必然与中华优秀传统文化密切相关，且吸纳了世界先进文化的成果。

① 杨小微. 指标与路径：中国教育迈向现代化［M］. 北京：教育科学出版社，2020：337.

（一）"两个结合"彰显中国特色

《义务教育课程方案（2022 年版）》指出，"以习近平新时代中国特色社会主义思想为指导，全面贯彻党的教育方针，遵循教育教学规律，落实立德树人根本任务，发展素质教育"①。基础教育阶段的每一门课程都要寓价值观引导于知识传授和能力培养之中，英语课程除了传授语言知识之外，还有义务帮助学生塑造正确的世界观、人生观、价值观。立德树人根本任务的落实效果影响着人才的意识形态，有"才"无"德"之人难以成为社会主义的建设者和拥护者，最终会影响到国家稳定和民族复兴。中国式现代化必须坚持社会主义方向，中国式基础教育现代化必须坚持党的全面领导。在中国式现代化进程中，基础教育要培养德智体美劳全面发展的社会主义建设者和接班人，为党育人、为国育才。

中国式教育现代化要与中华优秀传统文化相结合。党的十八大以来，党中央把立德树人作为教育的根本任务。立德，就是树立高尚的道德。树人，就是培养人才。②"立德树人"是对我国国学经典教育思想的继承和发扬。作为世界历史上最早专门论述教育和教学问题的文献，《学记》在我国古代教育实践中提出将道德教育作为培养人的中心环节和教育的最终目标。《学记》首先从社会层面谈教育的作用是"化民成俗"，即"教化臣民，成其美俗"，其含义与当今的思想政治

---

① 中华人民共和国教育部. 义务教育课程方案（2022 年版）[M]. 北京：北京师范大学出版社，2022：1.

② 中国教育的根本任务：党的十八大以来教育改革发展成就述评·立德树人 [EB/OL]. （2017-10-11）[2024-08-02]. http：//www. moe. gov. cn/jyb_ xwfb/moe_ 2082/zl_ 2017n/2017_ zl48/201710/t20171011_ 316063. html.

教育相一致。"君子如欲化民成俗，其必由学乎"强调了教育在"道德教化"中的重要地位，揭示了教育是"立德树人"的关键，是立国之本。要想感化民心，变风改俗，就一定要从教育做起。

（二）"文明互鉴"体现教育共同特征

中国式现代化的推进不仅需要坚定文化自信，也需要秉持文化包容精神，两者是辩证统一的关系。从古代的丝绸之路到现今的"一带一路"倡议，从古至今，中国在越强大的时期，文化就越自信，对世界文明也就越包容，文明互鉴推动了本土文化和外来文化的融合与发展。近代中国的闭关锁国从另一个角度证明了文明互鉴的重要性，故步自封，将外来文化拒之国门之外是造成近代中国落后的重要原因之一。中华优秀传统文化与中国特色社会主义文化是我们文化自信的基础，世界文化多样性为我们提供了交流互鉴的条件。在现代化进程中，只有坚持文明互鉴，才能使不同的文化取长补短，焕发出新的活力。

现代化加快了全球化的进程，全球化意味着多元和融通。"教育是文化的表现形式，是文化中的一个重要组成部分。"① 社会文化本身就存在多样性，促进文明互鉴是教育现代化的应有之义。在教育中整合中西文化的内容，使其以平等的姿态在教育过程中实现互动交流是培养现代化人才的必由之路。在高度现代化的全球语境下，任何一种文化都不可能与其他文化毫无交集。社会在高速发展，世界早已变成你中有我、我中有你的地球村。教育现代化的要义之一就是"化人"，无论是我国还是世界上的其他国家，要推动现代化的进一步发展都必

---

① 郑金洲. 教育文化学［M］. 北京：人民教育出版社，2000：8.

须依靠学校培养出的具有现代化思想和国际视野的人才，"文明互鉴"体现了世界各国教育的共同特征。

二、中国式现代化视域下英语教育的文化逻辑

中国式现代化踏上新的征程，新时代英语教育要担当起新的文化使命。在新的历史起点上，英语教育要坚定文化自信、坚持守正创新、秉持开放包容，推动世界各国文明互鉴，助力建设中华民族现代文明。

（一）担当新的文化使命

我国综合国力日益强大，迫切需要让世界了解我们的优秀文化和发展道路。作为世界通用语言，英语是沟通世界的桥梁和纽带，英语人才是弘扬中华优秀传统文化和宣传中国道路的主力军，基础教育阶段的英语教育要超越传统的外语学科界限，根据社会发展的新需求，为党育人、为国育才。"要让中华文化走出去，外语教育在其中发挥着重要作用。"[①] 国外媒体对中国的报道并不全面，许多国家对中国的国情缺乏深入的了解。新时代的英语人才只有熟悉中国国情以及党和国家的方针政策，用习近平新时代中国特色社会主义思想武装头脑，善于国际交流与沟通，熟练运用英语准确宣传中国秉持践行的民主观、发展观、安全观、秩序观，才能让世界了解真实的中国，建立正确的中国认知，更客观地看待中国所取得的成就，从而为中国的发展营造良好的国际环境。英语教育要结合意识形态安全，充分认识构建中国

---

① 吴岩. 新使命 大格局 新文科 大外语［J］. 外语教育研究前沿，2019，2（2）：3-7，90.

话语体系的重要性，主动服务国家战略发展，培养学生讲好中国故事的能力，提升国际传播能力，提高国际话语权，增强国家文化软实力。

（二）坚定文化自信

坚定文化自信是新时代党的意识形态工作的重要组成部分，对于英语教育而言，坚定文化自信首先要重构英语教育的话语体系。为了创造学习英语语言文化的语境，英语课程一般选用与目的语国家的语言和文化相关的题材作为教材的内容，这在一定程度上能让学习者更容易学好英语，为跨文化交流打下语言和知识基础。然而，由于英语学习者主要学习的是英语语言和文化，所接触的大多是体现国外意识形态的话语，其价值观和意识形态容易受到目的语国家社会和文化的影响。培养什么人、怎样培养人、为谁培养人是教育的根本问题，在英语教育中，构建中国特色话语体系显得尤为重要。在中国式现代化背景下，英语教育要重新审视教学内容的文化内涵，摆脱西方文化霸权主义的束缚，将英语变为沟通世界的语言工具，而不是西方文化植入的手段。因此，英语教育要立足中华优秀传统文化和中国特色社会主义新文化，跳出英语教育以西方文化价值取向为特征的话语体系，通过外来文化本土化等途径构建具有中国特色的英语知识，逐渐形成英语教育的中国式话语体系，通过本土文化自觉培养英语学习者的母语文化自信。

（三）坚持守正创新

英语教育首先要坚持"守正"，任何一门学科都具有独特的学科性质和知识体系，"守正"意味着英语教育必须坚守自己的学科属性，以正确的方式更新和丰富自身的知识体系，不能对英语教育应该客观呈现的外国政治、经济、社会、文化等内容闭口不谈。英语教育的初衷就是为国家培养具有国际视野和跨文化交际能力的现代化人才，但英语教育应该教授什么样的文化成了英语学科面临的艰难抉择，这也导致英语学科自身出现了认同危机，学科发展举步维艰。

英语教育还需要进行知识体系的"创新"，完全脱离英语语言文化的英语教育不可取，但全盘西化的英语教育也是错误的。因此，英语教育可以通过"本土化"来实现知识体系的创新。英语教育本土化是目标语文化与学习者母语文化相互融合，通过与中国相关题材的英语听、说、读、写译的训练，使学习者在理解当代中国的基础上习得目标语言，从而体现出中国特色。在中国式现代化语境下，英语教育的中国特色主要体现在培养学生运用英语对世界讲好中国故事。在英语教学中，通过中外文化对比的方式以目标语言形式嵌入学习者的母语文化知识是英语教学本土化的形式之一，除此之外，还可以通过使用目标语言直接呈现中国社会文化相关知识的方式，使英语学习者更好地理解当代中国。由于英语学习者对中国社会文化的相关知识具有一定了解，与用英语呈现外国的社会文化相比，他们更容易理解本国的社会文化，因此也就更容易把母语和目标语言进行对比和学习。英语教育本土化有利于英语学习者更好地理解目标语的语言特点和表达方式。

（四）秉持开放包容

习近平总书记在党的二十大报告中提出"坚持交流互鉴，推动建设一个开放包容的世界"①，在中国式现代化背景下，英语教育所承担的沟通世界的使命更为突出。英语教育中不可避免地涉及外国文化和本国文化的关系问题，文化平等是文化交流与文明互鉴的前提。在英语教育中要秉承开放包容的态度，中国文化和外国文化没有优劣之分，只有尊重文化多样性，在文化交流中相互学习，才能与时俱进，在现代化进程中推动人类文明的发展。与西方的"文明冲突论"不同，中国儒家优秀的传统文化倡导的是"和而不同"的理念。在纪念孔子诞辰 2565 周年国际学术研讨会暨国际儒学联合会第五届会员大会开幕会上，习近平指出："和而不同是一切事物发生发展的规律。"② 英语教育除了需要以"包容"的态度让英语学习者了解外国的社会、经济、文化以及价值观之外，还需要有"开放"的思想把中国特色社会主义的制度、文化、价值观等优秀文明传播到世界各地，利用英语作为桥梁传播中国声音，讲好中国故事，更要掌握中国话语权，以受众能接受且能准确表达中国特色社会主义的先进文化的方式翻译中国，让世界更好地理解当代中国。

"在当下的多元文化语境下，由于历史和文化塑造的知识与信仰千差万别，不同意识形态之间的冲突无处不在。"③ 英语教育不可避免地与外来文化有着千丝万缕的联系，在外来文化的冲击下，学习者的世界观面临多种重构的可能，意识形态安全在英语教育中至关重要。

---

① 习近平. 高举中国特色社会主义伟大旗帜 为全面建设社会主义现代化国家而团结奋斗：在中国共产党第二十次全国代表大会上的报告 [EB/OL]. (2022-10-25) [2024-08-20]. http://www.gov.cn/gongbao/content/2022/content_5722378.htm.

② 习近平. 在纪念孔子诞辰 2565 周年国际学术研讨会暨国际儒学联合会第五届会员大会开幕会上的讲话 [N]. 人民日报，2014-09-25.

③ 胡安江. 中国特色对外话语体系的译介与传播研究 [J]. 中国翻译，2020，41 (2)：44-51，188.

新时代，英语教育不仅要培养学生的英语语言能力，更要增强学生的政治认同和文化认同。教材是教学的主要工具，必须体现党和国家的意志。新时代，英语教育要高度重视意识形态安全，重构课程体系、知识体系和教材体系，赓续国家教育文化基因，传承发展中华优秀传统文化。将中华优秀传统文化与习近平新时代中国特色社会主义思想的学习以及英语听、说、读、写、译等基本技能的培养有机融合，促进外来文化本土化，创造新时代中国特色社会主义文化。增进学生的政治认同、思想认同、理论认同和情感认同，培养学生的家国情怀和全球视野，提升学生向世界传播中国声音、讲好中国故事的能力，推动中华文化更好地走向世界。

第二节　构建文化共生教育的"第三空间"

生物学中的"共生"概念被越来越多的教育科学研究者用于审视和解释教育学领域的现象和问题。共生的前提是接纳世界多元主体的存在，共生各方通过与异质主体保持互惠互利的关系，从而达到共存共荣之目的。文化共生教育的哲学逻辑是以学习者高度的文化自觉来坚守本族文化的主体性和尊重异质文化的他者性，利用文化间性思维促成"自我"与"他者"的和融共生。在多元文化共存的全球化时代，国际交流日益广泛，跨文化交际越来越频繁，文化共生教育的目的是培养学习者的跨文化能力，通过建构超文化认同，使其摒弃非此即彼的两极逻辑思维，以更开阔的视野和更开放包容的胸襟去构建多元文化共生的"第三空间"。

一、共生教育的文化意涵

(一)共生概念阐释

"共生(symbiosis)"的概念源自生物学领域,指不同种类的生物共同生活在一起的现象。① 具体而言,"共生"是指两种动物或植物之间为对方的生存提供必要条件的关系。如果一方以另一方的受损为前提获益,如癌细胞以破坏正常的细胞组织的方式使自身无限增殖,则不宜称之为共生关系。共生理论(symbionticism)是关于不同物种的有机体之间的自然联系的理论。透过生物共生现象,人们认识到共生是人类之间、自然之间以及人与自然之间形成的一种相互依存、和谐、统一的命运关系。② 由此可见,对于共生的双方而言,共生关系应是有利而无害的关系,后引申为人或事物之间平等地相互依存的关系。

共生各方的命运具有一致性和统一性,唯有坚持和谐的主旋律,共生主体结成的生命共同体才能得以延续和发展。随着学者们对共生研究的不断深入,"共生"概念的应用领域也在不断拓展。

(二)共生教育与文化共生

"共生教育"解决两个问题:一个是自然"共生"问题,即人类自身的生长同外部世界的良性发展形成一个共生互补的系统;另一个

---

① 金炳华. 哲学大辞典 [Z]. 修订本. 上海:上海辞书出版社,2001:454-455.
② 金炳华. 哲学大辞典 [Z]. 修订本. 上海:上海辞书出版社,2001:454-455.

是文化"共生"问题，即在与其他民族、其他文化相处以及对待自己的文化和现代化发展等问题中形成的文化"共生"。① 对于前者而言，要解决自然共生问题，就要树立正确的生态文明教育观，摒弃以人类为中心的孤立的自然观和价值观，构建人与自然和谐共生的生态命运共同体。在本研究中，我们主要探讨的是后者——文化共生问题。"文化共生是指不同族群不同文化的异质共存、相互交流、兼容并包的文化形态。"② 在全球化背景下，文化共生现象不仅存在于国内不同民族之间，也体现在不同国家的不同文化之间。在多元文化共存的全球化时代，国际交流日益广泛，跨文化交际越来越频繁。在全球化语境中，共生教育的首要任务就是培养现代人的跨文化能力，使他们既能够认同本民族的文化，也能够理解、尊重和鉴赏异质文化。

二、文化共生教育的哲学逻辑

"共生的哲学是一种关系的思维方式，不但承认'自我'，还要肯定'他者'的独立价值，以及'自我'与'他者'之间不容忽视的相互依存关系。"③ 文化共生教育的哲学逻辑就是以学习者高度的文化自觉来坚守本族文化的主体性和尊重异质文化的他者性，利用文化间性思维促成"自我"与"他者"的和融共生。

---

① 张诗亚. 共生教育论：西部农村贫困地区教育发展的新思路［J］. 当代教育与文化，2009，21（1）：55-57.

② 孙杰远. 文化共生视域下民族教育发展走向［J］. 教育研究，2011，32（12）：64-67.

③ 孙杰远. 论自然与人文共生教育［J］. 教育研究，2010，31（12）：51-55.

（一）文化自觉：文化主体性与他者化的博弈

文化自觉是指生活在一定文化中的人对其文化有"自知之明"，明白它的来历、形成过程、所具有的特色和发展趋向。[①] 中华文化源远流长，各民族都有独具特色的文化传统。在交通和交流不发达的漫长岁月中，各民族的文化得到了较为稳定的代际传承。例如，孔子修身思想的核心价值观——"仁"和"礼"属于优秀的传统文化，对中国的社会秩序产生了深远影响。孝悌和礼仪使得国泰民安，展示出中国人博爱、谦恭的民族个性。当然，文化自觉绝对不是文化回归，而是取其精华，去其糟粕。除了明白本族文化的来历，还需要理解其特色与发展趋向。中华人民共和国成立以来，中华文化具有与马克思主义相结合的鲜明特色，坚持马克思主义基本原理同中华优秀传统文化相结合的方向。当下，中华优秀传统文化又具有了与中国式现代化相结合的发展趋势。由此可见，现阶段的文化自觉还体现在自觉地创造新时代中国特色社会主义文化。

文化自觉强调坚守本族文化的主体性。文化主体性是指特定的文化主体为掌握本土文化自身发展的自主权，在处理本土文化与异质文化的关系时所表现出来的自主性、选择性和创造性，具体表现为能充分肯定自身文化价值，正确认知异质文化和主动创新自身文化。[②] 当两种或两种以上的文化产生碰撞时，强势的文化会处于主导地位并通

---

① 费孝通. 反思·对话·文化自觉 [J]. 北京大学学报（哲学社会科学版），1997（3）：15-22，158.

② 刘文，郑大俊. 近代中国文化主体性迷失因由与重塑策略 [J]. 求索，2016（12）：188-192.

过"涵化"使弱势文化原有的模式发生大规模变迁,逐步削弱乃至使弱势文化丧失主体性。在多元文化交融的过程中,处于弱势的文化会产生文化自卑心理。例如,近代中国在鸦片战争中被英国打败,自此,清政府闭关锁国的大门被迫打开,当时相对发达的西方文明对近代中国的本土文化产生了强烈冲击,使人们开始质疑传承了两千余年的儒家文化。近代长达百年的文化自卑使中国人对西方文化产生了盲目崇拜,过圣诞节、吃西餐、穿婚纱等在当代中国仍然被视为时尚和"洋气"的行为无不述说着近代中国在中西文化交融中丧失文化主体性带来的文化自卑的后遗症。

费孝通认为,全球化过程中的"文化自觉"指的是世界范围文化关系的多元一体格局的建立,即全球范围内实行和确定"和而不同"的文化关系。① 文化自觉的概念强调在坚持文化主体性的同时,尊重文化差异,以和谐的方式处理文化冲突,致力于构建基于文化多样性的多元一体文化格局。世界上不同的民族拥有不同的文化,随着全球化的加剧,文化碰撞成为跨文化交际中不可避免的问题。与西方部分发达国家所奉行的殖民主义不同,中国传统文化强调"和合共生"的价值观。"和而不同"虽然强调"和",但也承认了"差异"是客观存在的。有差异就有冲突,因此冲突是文化相处的常态。纵观数千年的人类文明史,我们不难发现,世界上多种文化在长期冲突中共存了下来。由此可见,大多数异质文化之间存在互相供养的共生关系。在文化交流中,不同文化取长补短,各自得到进步与发展,文明互鉴是多

---

① 费孝通. 百年中国社会变迁与全球化过程中的"文化自觉":在"21世纪人类生存与发展国际人类学学术研讨会"上的讲话 [J]. 厦门大学学报(哲学社会科学版),2000(4):5-11,140.

元文化共生的前提。在文化交流的过程中，不同文化相互"涵化"。在保留文化差异性的同时，文化共性不断扩大，文化隔阂逐渐减小，文化冲突日益减少。"和合共生"不仅是中华优秀传统文化的精髓，也是世界文化共同发展的美好愿景。

（二）文化间性："自我"与"他者"的和融共生

"文化间性"是指不同文化的存在与平等互动，以及通过对话和相互尊重产生共同文化表现形式的可能性。[①] 一个民族的文化受到政治、历史、经济、地理等方面的影响，形成了较为独特的风俗习惯与人文风貌，具有鲜明的个性和特色，在一定的历史时期内保持相对的稳定性。随着时代的变迁，尽管文化会发生相应变化，但大部分民族文化通过"濡化"的方式得以代代相传，并在不同历史时期的"现代"与"传统"的矛盾与冲突中得到更新与发展。一个民族符合社会发展规律的优秀文化在内在本质上会被保留下来，使本族人能够以这样的文化本质来保持自己的文化主体性，从而不至于在文化的迭代中迷失"自我"。不同的文化背景使人们的信仰和价值观相差甚远，在跨文化交际中，异质文化之间相互排斥，文化多样性引发的冲突日益明显。历史中强势文化对弱势文化进行殖民和同化，使得相对弱势的文化逐渐被侵蚀乃至消亡的情况时有发生。以西方文化为例，近代西方发达国家对非西方国家的文化殖民，使得西方文化逐渐在世界文化中占据主流地位，文化殖民成为西方发达国家在世界范围内对其他弱势国家殖民的重要手段之一。过度同质化必将使单一的文化因为缺少

---

① UNESCO. Convention on the Protection and Promotion of the Diversity of Cultural Expressions [R]. Paris: UNESCO, 2005.

多元的竞争与合作而变得异常脆弱，甚至处于停滞状态，最终导致灭亡。因此，世界文化需要多元碰撞来保持发展的动力。

文化间性以尊重文化差异为前提，倡导文化交流，致力于共同文化表现形式的构建。任何文化既不可能永远封闭在"自我"之中，也不可能把所有"他者"都消灭，以达到唯我独尊之目的。在强势文化与弱势文化碰撞的过程中，有的弱势文化消亡了，但有的弱势文化却极力反抗，在夹缝中得以生存，而后发展壮大。在新的历史时期，两种文化再次势均力敌，原来弱势的文化甚至有可能超过原来强势的文化。例如，近代中国的文化曾因受到西方列强的摧残而风雨飘摇。在中国共产党的领导下，经过百年奋斗，当代中国已经重新屹立于世界先进民族之林，中华优秀文化在世界范围内重放异彩。文化冲突是客观存在的，但也是相对的，不同的文化之间并不存在非此即彼的关系。在深知异质文化会对本族文化产生影响的情况下，世界上大多数国家还是选择了长期稳定地开设外语课程。如此举国执行的语言政策必然是经过本国的语言规划所论证的，这就很好地说明了文化之间的冲突不是绝对的，共生才是文化交流的主旋律。随着全球化的不断推进，不同文化之间原有的边界不再泾渭分明。跨文化语境中"自我"与"他者"并不是势不两立的，它们的和融共生可以创造出新的文化形式，使之更好地服务人们当下的生活。

三、指向跨文化能力的文化共生教育

"跨文化能力是在各种情境中与来自不同文化的成员得体、有效交际的能力。"① 文化共生教育的目的是培养学习者的跨文化能力，通过建构超文化认同，使其摒弃非此即彼的两极逻辑思维，以更开阔的视野和更开放包容的胸襟去构建多元文化共生的"第三空间"。

（一）超文化认同："自我"与"他者"的身份超越

文化认同（cultural identity），又称文化身份或文化身份认同，是指个体对某种价值观念、生活方式等文化的认可与接受。② 由于长期受到本族文化的熏陶，人们会对特定的民族文化产生归属感，高度认可本族文化中的价值观和习俗等，从而保证自己在本族文化语境中的交际顺利开展。然而，在全球化背景下，文化之间的交流与互动日益频繁，异质文化之间的碰撞会使得原有的文化样态发生一定程度的改变，任何一种文化都难以毫发无损地保持其最初样态。"自我"文化与"他者"文化在互动中产生冲突的同时会发生文化的解构，不同族群的文化元素之间相互竞争、相互融合，多种异质文化元素重新建构出一种文化形态。文化认同与文化形态密切相关，跨文化语境中新文化的出现就不可避免地涉及跨文化认同问题。此处的"跨文化"为形容词，对应的英文单词为"intercultural"或"cross-cultural"，其中"inter"意为"在……之间"，"cross"意为"横跨"。因此，"跨文化"可理解为"在两种或多种文化之间"或者"横跨两种或者多种文化"。在当今时代，全球化已成为不可逆转的趋势，在全球化进程中，对本族文化的单一认同会使跨文化交际者在面对异质文化时受到巨大

---

① 戴晓东. 中国教师视角的跨文化能力模型建构［J］. 外语界，2022（5）：20-28.
② 陈冰玲. 母语文化传承与大学英语教学的有效融合：基于大学生母语文化身份构建的视角［J］. 广东外语外贸大学学报，2016，27（6）：20-24，63.

的文化冲击。

"跨文化认同"实际上是对"自我"与"他者"身份的同等认可，其造成的结果有可能是跨文化交际者在多元文化中的身份迷失。因此，跨文化语境呼唤对已有文化身份的"超越"，即"超文化"。超文化（transculture）是指"为已有的文化及其建立的符号系统提供其他可替代的符号选择的开放系统"①。"trans"有"beyond"之意，可译为"超越"。超文化认同不是对跨文化语境中所处的多种文化的摈弃，而是超越不同文化身份的疆界，将各种文化中有价值的部分通过文化自觉内化为自己的文化经验并整合为一种动态的身份属性。这种动态的身份认同会随着文化的不断积累而更新发展，以灵活多变的方式适应跨文化语境的变化。因此，初中英语课堂作为培养现代化人才的特定场域，应该对学生开展基于文化共生理念的超文化认同教育，使其从文化共生的视角认可和包容多元文化，建立多元文化高度融合的文化心理体系，以帮助学生在自我文化和他者文化的模拟互动交流实践中实现超文化认同。

（二）"第三空间"：文化共生"中间地带"的构建

"第三空间"（third space 或 third place）是指跨文化交际者在文化探索和身份协商中创造性地摸索出本族语言文化和外来语言文化之间的一个中间地带；在这里，母语文化和外来文化都会得到加强和深化，融合成一种新的文化，让来自不同语言文化背景的交际者能成功自如

---

① BERRY E E, EPSTEIN M N. Transcultural Experiments：Russian and American Models of Creative Communication ［M］. New York：St. Martin's Press, 1999：24.

地交流。① 跨文化互动使异质文化产生碰撞，多种文化的交织与混杂模糊了原有的文化边界，并构建出一个具有共性的中间地带，在这里，经过杂糅的文化被赋予了新的具有共性的含义，能有效避免因异质而产生的文化对立和冲突，为跨文化交际的顺利进行拓展了新的空间和领域。跨文化交际者构建"第三空间"的过程就是自我的本族语文化身份与他者的异质文化身份相互协商并实现超越的过程。在"第三空间"中，本族语文化和异质文化和谐共生，它们共同构建出一种使人们自如地开展跨文化交际的新的共生文化。跨文化交际者既不需要放弃自我的本族语文化身份，也不需要转化为他者的异质文化身份，他们在"第三空间"中实现了对多种文化的超文化认同。

"第三空间"淡化了文化的边界，跨文化交际者会避免以本族文化的价值观和习俗去评价异质文化，他们会根据不同的交际语境，通过主动寻求文化间的交集来实现"中间地带"的最大化。不同文化的疆界在多元文化身份的协商互动中得到重新划分，最大限度地减少了文化冲突，促进了对话交流。由此可见，"自我"与"他者"和融共生所构建的"第三空间"中的文化是在跨文化语境中的文化主体性与他者化的博弈之后，跨文化交际者通过超越"自我"与"他者"的文化身份创造出来的"第三文化"，它与作为"自我"的"第一文化"和作为"他者"的"第二文化"是共存的。在跨文化语境中，"第三空间"的构建并不是对"自我"和"他者"文化的彻底抛弃，而是在文化共生理念的框架下指导跨文化交际者通过构建文化共生的"中间

---

① CHANTAL C, ANTHONY J L, JOSEPH L B. Introduction Intercultural Competence：from Language Policy to Language Education ［C］//Striving for the Third Place：Intercultural Competence through Language Education. Melbourne：Language Australia, 1999：1-20.

地带"来创生出新的更利于交流和发展的文化样态。这种新的文化样态是对原有文化的超越和创新，有助于提高交际者的跨文化能力并促进其本族文化和外来文化的共生发展。

第三节 秉持英语学习活动观，强化初中英语学科实践

一、凸显英语学科实践的具身性

学界普遍认同学习活动中的学生参与由行为、情感和认知三个维度构成[①]，在此基础上，有学者提出增加主动参与维度[②]，初中英语学科实践应从以上四个维度凸显其具身性。

（一）促进实践主体的行为参与

行为参与（behavioral engagement）是指学生为完成学习活动任务而付出的行为努力，在英语学科实践中，确立清晰的行为目标，进而选择适宜的活动任务类型是促进实践主体行为参与的有效路径。[③]

初中英语学科实践行为目标的确立应充分体现学科核心素养的培

① NEWMANN F, WEHLAGE G G, LAMBORN S D, et al. The Significance and Sources of Student Engagement and Achievement in American Secondary Schools [M]. New York：Teachers College Press, 1992：14.

② REEVE J, TSENG C M. Agency as a Fourth Aspect of Students' Engagement during Learning Activities [J]. Contemporary Educational Psychology, 2011, 36（4）：257-267.

③ 范蔚，刘建军. 学科核心素养导向的高中英语学习活动设计 [J]. 天津师范大学学报（基础教育版），2022，23（3）：46-51.

养目标，关注学生语言能力、思维品质、文化意识以及学习能力的综合发展。通过主体的细化，教师可以将复杂的学科概念逐步分解为可操作的学习任务，使学生能够在解决这些问题的过程中逐步掌握语言的运用技巧。每一个问题的解决过程都应转化为具体的语言实践任务，这些任务不仅应当具备层级性，能够适应不同水平学生的学习需求，还应当具备可观察和可测量的特点，以便教师能够及时评估学生的学习效果并进行相应的教学调整。为了确保行为目标的有效性，英语学科实践任务的设计需要从具体目标、产生条件和行为标准等维度进行系统的规划。具体目标的确定应当清晰明确，能够直接指向学生需要掌握的语言技能或学科知识点。行为目标不仅要关注学生最终达成的学习成果，还应当注重其学习过程中的表现，因此，产生条件的设定也应当精心设计，以确保学生在适当的情境下能够有效地达成目标。比如，教师可以通过创设真实的语言使用情境或模拟实际生活中的交际场景，帮助学生在具体语境中实践语言技能。行为标准则是衡量学生是否达成学习目标的重要依据。行为标准的设定应当结合学科的具体要求，关注学生在学科实践中的表现是否符合预期的语言运用水平。在此过程中，教师需要借助多种评估方式观察学生的行为表现，并通过具体标准对学生的学习成果进行定量或定性的评估。评估的标准应当是客观、可操作的，并且能够涵盖学生语言能力的各个方面，如听、说、读、写等技能的掌握情况，以及语言使用的准确性、流利性、得体性等。此外，行为目标的确立还应当体现初中英语学科的特点，兼顾学生的认知发展水平和语言学习规律。教师在设计学科实践任务时，应充分考虑学生的个体差异，为不同层次的学生提供适应其能力水平的任务，使每个学生都能够在原有基础上有所进步。

　　初中英语学科实践活动任务的设计与选择必须严谨、科学且具备适切性，以确保语言学习与认知发展的同步推进。活动任务类型的选择应契合学生的语言发展水平与认知能力，同时应兼顾教学目标的多维性与任务的多样性。学习理解阶段的活动任务主要侧重对语言知识的接触与初步掌握。教师在这一阶段的设计中需要注重学生对于基础语言知识的理解与吸收，通过形式多样的任务引导学生深入理解语篇中的语言现象以及背后的文化内涵。这不仅是学生掌握单个语言项目的过程，更是引导学生建立系统性语言认知的重要途径。任务的设置应能够让学生在具体的语言情境中体会语言的运用规则，并通过语言实践逐步内化为自身的语言能力。通过教师对行为目标的清晰陈述，学生能够明确每个任务的学习目的，并通过不断反馈与自我调节逐步实现学习目标。应用实践阶段强调学生将所学语言知识在真实或模拟情境中加以运用，在初中英语学科实践中，活动任务的设计应注重真实性和交际性，确保学生能够在互动中实践语言技能。通过模拟真实生活中的交际场景，学生不仅能够巩固语言结构，更能够提高语言运用的流畅性和准确性。教师应为学生创造充足的互动机会，鼓励他们在完成任务中运用所学内容进行表达、交流和解决问题。教师在设计这些任务时，应当有针对性地设定行为目标，以评估学生在实践中的具体表现，确保他们在实际情境中具备灵活运用语言的能力。在迁移创新阶段，活动任务的设计应关注学生的语言迁移能力与创新思维的培养，通过高阶思维任务的引入，帮助学生将所学的语言知识与技能进行迁移和创新运用。这种迁移不仅体现在语言形式的多样化运用上，更体现在学生能够根据不同的语境和交际需求，自主选择和调整语言使用策略，以实现有效的语言表达。这一环节的任务类型应具备较高的开放性和挑战性，鼓励学生在新的语境中运用已有的语言和思维技能进行创新表达。教师应通过设置多样化的任务类型，引导学生将所学的语言知识应用于新的文化情境，促进其跨文化理解与语言创新。这一阶段的行为目标陈述可以帮助学生明确任务的难点和创新点，推动他们在完成任务过程中不断超越自我，提升语言迁移和创新能力。

（二）增强实践主体的情感参与

情感参与（emotional engagement）是指学生在学习活动中对教师、同伴及学习任务的感官与感受，英语学科实践活动设计应引导学生建构意义，内化概念，进而升华情感。① 实践主体的情感参与能够有效增强其学习动机，使其在语言学习中形成积极的心理状态。教师在开展英语学科实践的过程中应高度重视并主动引导学生的情感参与，使其在学习中建立起更深层次的情感联结。通过调动情感，学生不仅能够更为主动地参与语言实践活动，还能够通过情感体验深化对语言知识的理解与运用。作为个体独特的心理和社会经历，生活体验构成了个体理解外部世界的一部分，情感参与能促使学生将语言学习与自己的生活经验紧密联系起来。教师通过引导学生基于自己的生活体验来构建对英语学习主题的个性化理解，可以帮助学生在语言学习中找到与其个人经验相关的意义，从而加深其对所学内容的认同感和理解深度。生活体验的辅助能够使学生的学习变得更加具体、生动，有助于将抽象的语言知识转化为具有实际意义的应用技能，进而实现知识向能力的有效迁移。

---

① 范蔚，刘建军. 学科核心素养导向的高中英语学习活动设计［J］. 天津师范大学学报（基础教育版），2022，23（3）：46-51.

　　教师在学科实践中应充分尊重学生的个体差异，并将这些差异视为课堂教学中的宝贵资源。不同学生的生活背景、文化背景和社会经历可以为课堂讨论提供多元化的视角，有助于学生从不同维度理解和探索语言的功能与意义。在尊重差异的基础上，教师还应有意识地引导学生思考这些差异，通过同伴交流和合作学习促进不同经验之间的启发和共享，从而进一步加深学生对语言的理解与运用。课程资源不仅仅局限于课本和教师提供的学习材料，学生的生活经验也可以成为丰富的教学资源。这些经验不仅能够增强学生对英语学习的情感投入，还能够让学生意识到语言学习与实际生活的紧密联系。教师可以通过设计与学生生活经验相关的教学活动，帮助学生在真实情境中进行语言实践，从而提高语言学习的实用性和有效性。基于生活经验的语言学习活动可以增强学生的学习自主性，使其更加积极地参与课堂实践，以提升学习成效。

　　初中英语学科实践的设计和实施应充分考虑学生的情感参与，注重互动形式的多样性和有效性，通过语言学习培养学生的跨文化意识和社会化能力。学科实践中的情感参与应结合英语教学的主题语境，通过设计贴近学生生活实际、反映真实社会问题的情境激发学生的情感共鸣，使他们能够在学习过程中体验到语言的社会性功用。通过英语学习，学生能够接触到不同国家和地区的文化传统、社会制度、历史背景等多方面的知识，这不仅拓宽了学生的文化视野，也增强了他们对世界多样性的理解和尊重。在学科实践中，教师应通过教材内容的选择和教学活动的设计，帮助学生在学习过程中接触多元文化，理解不同文化背景下的语言使用方式、习俗和价值观。对多元文化知识的掌握不仅有助于学生在日后的跨文化交际中表现出更高的文化敏感性，还能够培养他们的全球意识，使其在面对复杂的国际问题时能够以更为开放、包容的心态进行思考和判断。社会化不仅仅是指学生通过语言学习获得参与社会交往的能力，更重要的是，学生通过这种学习过程形成对社会规范、文化价值的认同和内化。教师应通过科学设计的实践活动帮助学生在掌握语言技能的同时逐步理解社会互动的规则，学会在不同文化和社会背景下进行有效沟通。

（三）提升实践主体的认知参与

认知参与（cognitive engagement）是指学生为完成英语学科实践活动任务而有效地选择和使用元认知策略、认知策略等语言学习策略，学生的认知参与与学习情境直接相关。[①] 情境资源的有效整合是提升英语学科实践质量的关键，要求教师具备高度的专业素养与创新能力，能够从广泛的生活实例与学术语境中筛选出既符合教学大纲要求，又能激发学生兴趣的情境素材。通过引入日常生活和学术场景中的语言材料，教师能够帮助学生理解英语在家庭交流、社会交往、跨文化交流以及学术研究等不同社会情境中的作用。通过这些真实或接近真实的语言情境，学生能够学习到语言的基本构造，体会到语言的交际功能和文化内涵，进而形成更加全面和实用的语言能力。语言的学习不能孤立于学生的现实生活，必须与学生的生活经验、兴趣和未来发展相契合。通过将英语学习与学生的社会生活实际需求相结合，教师可以使学生更容易理解和掌握语言的运用。例如，在设计教学任务时，教师可以选取与学生未来职业规划相关的英语材料，帮助他们在日后

---

① 范蔚，刘建军. 学科核心素养导向的高中英语学习活动设计［J］. 天津师范大学学报（基础教育版），2022，23（3）：46-51.

的学习和工作中更好地运用英语。这不仅提高了学生的学习动力，也增强了他们学习的目的性和实用性，从而形成积极的学习态度和自我调控能力。自我调控学习指的是学生能够根据情境和任务的要求调整自己的学习策略、计划和行为，从而实现更为高效的学习。通过有效整合情境资源，教师可以为学生提供多样化的学习任务和挑战，让学生在完成任务的过程中学会如何调控自己的学习进程。例如，在不同类型的情境下，学生需要选择适当的学习策略，比如在学术场景中注重词汇和语法的精确性，而在日常生活场景中则侧重语言的流利性和交际功能。根据情境需求进行的自我调控学习既提高了学生的语言能力，也培养了他们解决问题和自主学习的能力。

在初中英语学科实践中，学生的语言能力和认知能力同步发展，随着语言学习的深入，学生的思维能力也会逐渐得到提升。合理的认知冲突设计是推动学生思维发展的重要手段。认知冲突指的是学生在面对新的问题或情境时，原有的知识体系或思维方式无法直接解决问题，从而引发思维的不平衡状态，促使学生进行思维重组，探索新的解决方法，并在这个过程中实现对知识的重新建构。在初中英语学科实践中，教师可以通过设置具有挑战性的问题或任务，激发学生的认知冲突，使其在解决问题的过程中发现知识的不足，从而主动学习和应用新的语言技能。提供适宜的认知工具是支持学生有效学习和解决问题的关键，认知工具指的是帮助学生在学习过程中进行思维加工的工具和方法，包括图示、思维导图、情境范例等。在英语学科实践中，教师可以通过多种方式为学生提供适当的认知工具，帮助他们更好地理解和掌握所学内容。例如，教师可以使用图示或思维导图帮助学生梳理文章的结构和逻辑关系，或者提供语言框架和表达模板，帮助学生在写作或口语表达中更为流畅地运用语言。通过使用这些认知工具，学生可以在解决问题的过程中更好地组织和应用语言知识，提高学习效率。推动学生有效使用学习策略是提升其问题解决能力的重要途径，学习策略是指学生在学习过程中所采用的计划、方法和技巧，能够帮助学生更有效地理解、记忆和应用所学知识。初中英语学科实践中的学习策略主要包括元认知策略、认知策略和社会策略等。其中，元认知策略强调学生对自身学习过程的监控和调节，帮助学生在解决问题时有意识地选择合适的学习方法，并根据任务的要求不断调整自己的学习行为；认知策略关注学生如何处理和操作信息，例如，通过归类、比较、推理等方式来理解和应用知识；社会策略则鼓励学生通过与同伴或教师的互动共同探讨解决问题的途径，使学生加深对问题的理解并在协作中学到新的知识和技能。

初中英语学科实践活动任务的设计应具有挑战性，教师应根据学生的语言能力和认知发展水平设置适当难度的任务，引导学生在完成任务的过程中运用分析、推理、综合、评价等高阶思维。具有挑战性的任务能够帮助学生深化对语言的理解，培养他们在复杂语境中运用语言的能力；层次性任务的设置有助于照顾不同认知水平的学生，教师可以将学科实践任务分为基础、中级和高级三类，以适应学生不同的发展需求；基础任务注重语言知识的掌握和基本语言技能的应用，中级任务要求学生在特定语境中运用所学语言，而高级任务则引导学生进行语言的创造性运用和跨情境迁移。在教师的引导下，学生可以根据不同的任务类型和难度选择合适的学习策略，逐步实现从语言知识的理解到语言能力的迁移和创新。

（四）激发实践主体的主动参与

主动参与（agentic engagement）是指学生对其所接受的教学流程所做的建设性贡献[①]，初中英语学科实践应激发学生的主动参与。实践活动的设计与实施应紧密围绕主题语境而开展，使学生在真实的语言情境中有效地运用所学语言知识，以提升语言应用能力。主题语境的设置应符合初中生的认知特点和兴趣需求，使其能够在一个真实或仿真的情境中进行语言学习和实践。选择与学生日常生活、社会话题或他们关注的全球化议题相关的主题，能够有效地激发学生的学习兴趣，使他们更加主动地参与问题的讨论与解决。基于主题语境的问题设计有助于避免传统教学中知识与实践脱节的问题，使学生在真实情境下感受到语言的实际用途，从而提高他们的学习积极性。在问题设计上，相关性和趣味性是两个重要原则。其中，相关性体现在问题与主题语境、学生生活经验以及英语课程标准的紧密联系上，所设计的问题应当能够启发学生思考，推动他们利用已有的语言知识与技能来解决问题；问题的趣味性则直接影响学生的学习体验和参与度，教师可以采用图像、音频、视频等多种媒介形式使问题更具吸引力，帮助学生更好地理解问题情境，使其在解决问题的过程中保持积极的学习状态。教师应具备相应的专业素养和创新能力，深入挖掘教材资源，结合时事热点、文化差异、生活常识等多方面因素，创造性地构建问题情境，使问题既符合教学大纲的要求，又能激发学生的内在学习动机，促进他们在解决实际问题的过程中全面发展核心素养。

---

① REEVE J, TSENG C M. Agency as a Fourth Aspect of Students' Engagement during Learning Activities [J]. Contemporary Educational Psychology, 2011, 36 (4): 257-267.

　　语言的学习与运用是一个复杂多变的过程，"劣构性"问题更能够反映语言学习的真实情境。所谓"劣构性"问题，指的是那些没有标准答案、解决路径不明且往往涉及多个知识领域的问题。此类问题能够促使学生脱离对标准化答案的依赖，培养其独立思考与批判性分析的能力。通过解决此类问题，学生不仅可以提升自身的语言表达能力，还可以逐步掌握如何在不确定的情况下分析问题并做出有效决策。"劣构性"问题的引入要求学生综合运用语言技能、文化知识和批判性思维去分析和应对不确定性和复杂性，从而在挑战中促进深度学习。这种挑战不仅体现在语言应用层面，更深入到认知加工、情感投入和社会互动等多个维度，有助于培养学生的综合素养。在面对"劣构性"问题时，学生需要主动识别问题、界定问题的边界、收集相关信息、提出假设并验证，这一过程鼓励学生采取主动学习的姿态，通过自主探索、合作讨论等方式不断试错、调整策略，最终找到合适的解决方案。主动学习的方式不仅加深了学生对语言知识的理解和应用，而且培养了他们的自主学习能力。

　　评价标准不仅是对学生学习成果的衡量工具，也是驱动学生自主学习、提高学习兴趣的重要手段。传统的英语教学评价往往侧重语言知识的记忆与简单运用，而忽视了学生在复杂问题情境中运用语言进行思维、表达和解决问题的能力。因此，评价标准的设计应当从单一的语言知识评估扩展至对学生综合语言能力的全面考查，包括听、说、读、写等基本技能的综合运用，以及对英语语言的实际交际与问题解决能力的评价。只有当评价标准能够全面覆盖学生的实际语言应用能力时，才能真正反映出他们的英语学习水平和潜在的创新能力。在全球化背景下，英语教学的目标是培养学生在多元文化环境中的跨文化交际能力和创造性思维能力，评价体系应该反映出对创造性思维和解决问题能力的重视。在英语学科实践中，学生面对的问题往往是开放性的，这为他们提供了展示独特见解和创新性解决方案的机会。通过增加创造性问题解决的评价比重，教师能够激励学生跳出传统语言学习的框架，鼓励他们运用所学的语言知识和跨学科的思维方式去提出独特的解决方案。例如，在讨论全球性问题、文化差异或复杂社会现象时，学生不仅需要用英语进行表达，还需要展示他们的批判性思维、逻辑推理能力和创造性想象力。通过对这些方面的表现进行有针对性的评价，学生将会意识到创造性思维在语言学习中的重要性，从而更加积极主动地参与课堂和课外的语言实践。此外，评价标准的设计还应体现出评价对学生主动参与的驱动作用。主动参与是指学生在学习过程中能够自主地调动自身的资源、策略和能力，主动参与学习活动。英语学科的学习既依赖课堂教学中的知识传递，也依赖于学生在课内外对语言的自主实践与探索，评价标准的设计应将学生的学习过程和他们的主动参与作为重要的评价内容。通过设置开放性问题，鼓励学生进行自主探究与合作学习，教师可以有效引导学生从被动接受知识转向主动探索知识，从而提升他们的学习效果。同时，评价标准还应注重对学生学习过程的持续反馈，通过阶段性评估和过程性评价帮助学生发现自身的优势与不足，使其不断调整学习策略，提高学习主动性。

二、优化英语学习活动

核心素养是内在于学生本身的品格能力，只能通过学习活动逐渐形成。具有情境性、实践性、关联性特点的英语学习活动，可以培养学生的核心素养。①

（一）注重活动的情境性

在初中英语学科实践中，情境创设必须具有明确的教育目标，能够引导学生在情境中主动思考、探究和表达，而不是被动地接受知识。教师在设计情境时不仅要关注学科知识的传授，还要着重考虑如何在情境中渗透价值观的教育，使学生在学习的过程中既能提升学科能力，也能培养健全的人格和树立高度的社会责任感。通过情境创设，教师能够将抽象的知识具体化，使学生在实践中应用所学知识，并在实际情境中体会语言的真实功能和意义。学生的主动参与不仅有助于他们对语言知识的掌握，更能促进其思维能力、解决问题的能力以及团队合作能力的发展。因此，教师在创设情境时要注重为学生提供互动、合作的机会，让他们在情境中不断尝试、反思和改进，从而获得自主学习的能力。

创设情境是为了模拟真实的语言使用环境，使学生能够在更加贴近生活的情境中运用所学的语言知识，问题导向进一步促进了学生在情境中的主动参与，使其在分析情境中的问题时形成独立思考与合作解决的能力。教师的角色是引导者，通过提出适当的问题来激发学生的思考，引导他们发现问题并自主解决问题，以提升他们的语言技能，培养他们的逻辑思维和解决问题的能力。问题的设计必须紧密围绕情境而展开，且具有一定的开放性和探究性，以确保学生能够通过分析

① 姚成贺，王守仁. 素养本位的基础教育英语课程教学［J］. 外语教学理论与实践，2023（6）：42-50，98.

和思考提出多种可能的解决方案。通过这样的学习过程，学生能够逐渐掌握如何将语言知识应用于实际情境中，进而发展出更高层次的语言理解与表达能力。在英语学习过程中，学生既要掌握词汇、语法等语言基础知识，也要学会如何在实际的语言使用场景中进行灵活运用。问题导向的语言情境为学生提供了一个持续练习的机会，使其在反复的尝试与修正中不断提高自己的语言运用能力和解决问题的能力，通过不断的反馈与实践，学生在解决问题的过程中不断完善自己的认知结构。此外，问题导向的情境创设还强调学习的过程性与阶段性，每一个问题的设置都不是孤立的，而是与整个学习过程紧密相连的。学生在解决一个问题的过程中往往会触发新的思考，从而产生新的问题。这种螺旋上升的学习方式有助于学生在不断解决问题的过程中积累知识，并逐步提升综合能力。在此过程中，教师应当根据学生的实际情况适时调整问题的难度和复杂度，以确保学生能够在挑战中获得进步，并通过逐步递进的学习任务来推动学科实践的开展。

生活导向的情境创设要求教师能够从学生的日常经验出发，挖掘他们生活中潜在的语言学习资源，进而将这些资源融入英语学科实践活动中。基于生活的语言情境更加直观和具体，能够促进学生从感知到理解，再到运用的全方位语言学习。教师应力求模拟或再现真实世界中的语言交流情境，避免人为制造的、过于理想化的学习环境。真实性的追求不仅体现在语言材料的选择上，还体现在活动设计的逻辑性、情境构建的合理性以及任务完成的可行性上。教师在进行情境创设时应充分考虑学生的个体差异，设计出多样化的学习情境，以满足不同学生的学习需求。通过多样化的情境创设，教师可以为学生提供大量的语言输入和输出机会，使他们在不同情境中不断练习和应用英语，提高语言综合运用能力。英语是一门国际语言，其背后承载着丰富的文化内涵和多样的文化表达。在情境创设中，教师应注重将中外文化的异同作为教学内容的重要组成部分，通过展示和分析具体的文化差异和相似点，帮助学生形成跨文化意识，加深对不同文化的理解和尊重。例如，通过模拟国际旅行、节日庆典、餐桌礼仪等情境，学生可以在角色扮演中体验不同文化的交流方式，学会在尊重差异的基础上进行有效沟通。教师应引导学生对比分析不同文化背景下的语言习惯、社交礼仪、价值观念等，促进其文化意识的觉醒和文化敏感性的提升。

（二）强调活动的实践性

实践是连接语言知识与语言能力的桥梁，可以使学习者在具体语境中运用所学知识，通过实际的语言交际活动来加深对语言的理解与掌握。英语学习活动观突出实践在语言学习和应用中的重要性，英语课堂既是知识传授的场所，也是学习者通过多种实践活动逐步掌握语言技能的场域。通过在各种交际场景中进行真实的语言交流，学习者能够在语言的输入和输出过程中不断深化对语言结构、功能以及使用规范的理解。相较于传统教学观念中将语言学习局限于课堂知识的传授和机械记忆，学习活动观更加强调学习者在实践中构建对语言的内在理解和熟练运用的能力。英语学习活动观还突出语言学习的互动性，实践活动不仅包括个人的语言输出，还涉及学习者之间以及学习者与教师之间的互动交流。在互动中，学习者通过语言实践活动，在相互交流和反馈中发现和修正语言使用中的问题，进而提高语言水平。

在话语的生成和理解过程中，涉及四种"使用活动"（usage activities）：运动神经活动、感知活动、认知活动和人际交往活动。① 其中，运动神经活动（motor activities）指的是通过身体动作来辅助语言学习。学习者不仅通过口语或书面语进行语言练习，还借助肢体的协调运动加深对语言的理解和记忆。运动神经活动为语言学习增添了动态元素，使语言不再仅仅是静态的符号系统，而是融入具体的情境和动作，进一步强化了语言使用的情境性和实践性。感知活动（sensory activities）侧重通过感官体验进行语言学习，强调听觉、视觉、触觉等多种感官的协同作用，通过多模态的输入方式帮助学习者更好地理解和记忆语言。感知活动为语言学习提供了多元的刺激，使语言习得不再局限于单一的输入模式，增强了学习者对语言的感知能力。认知活动（cognitive activities）是指学习者通过思维和推理等认知过程对语言的使用进行反复实践。学习者不是机械地重复语言形式，而是在理解、分析和推理等高阶思维活动中进行语言的使用与实践，进而加深对其内在逻辑和意义的理解。人际交往活动（interpersonal activities）强调语言学习的互动性与合作性。学习者在社会互动的环境中通过与他人交流、讨论和合作反复使用目标语言，从而在真实的交际情境中巩固语言用法。人际交往活动为语言学习提供了真实情境，并且增强了语言使用的社交属性，使语言学习者能够更好地适应实际交际中的语言需求。

通过使用语言，个体能够在不同的语境中积累语言经验，从而逐渐形成对语言规则、词汇意义、语法结构等方面的深层理解。语言的用法并非静态的规则或固定的模式，而是与特定的使用情境紧密相连

---

① SCHMID H J. The Dynamics of the Linguistic System：Usage，Conventionalization，and Entrenchment［M］. Oxford：Oxford University Press，2020：297.

的动态过程，语言的使用规则与理解方式往往是通过各种实际交流中的互动逐步发展起来的。在涉及语言实际运用的互动中，个体不断调整和优化自己的语言表达，使之在参与者之间形成一种共同的理解和默契。语言使用的一个核心特征在于它的情境性，即语言使用必须在特定的情境下进行，并与该情境中的各类因素紧密相关，情境中的参与者、交际目标、文化背景以及特定的社会语境等都对语言的使用方式产生了重要影响。语言的参与者在交际过程中所扮演的角色及其社会身份、文化背景等会直接影响到语言的选择和使用。不同的参与者可能根据对方的身份、地位、关系亲疏等使用不同的表达方式、语气或语法结构，正式场合和非正式场合中的语言选择和使用方式也有明显差异。此外，语言使用的目标是决定语言形式和内容的重要因素。参与者在语言使用中所要达成的交际目的，如请求、命令、询问、表达意见等，在很大程度上影响着他们的语言选择，目标的不同会直接决定语言的复杂性、精确性以及礼貌程度。

语言的使用不仅是个体的行为，还反映了整个社会系统和文化传统的价值观和规范，语言使用的社会性也体现在个体对他人语言的反馈上。通过与他人的互动，语言使用者能够调整自己的语言行为，纠正错误，增强语感，并在不断的交流中学习新的表达方式和语法规则。语言使用的复杂性在于它并非一个单一的过程，而是由多重因素共同作用的结果。语言的使用者不仅要考虑语法规则、词汇选择等语言知识，还必须结合具体的情境、社会角色、文化背景等因素来进行语言的运用，这使得语言使用具有高度的灵活性和适应性。在不同情境下，个体可能根据需求迅速调整语言策略，从而更好地实现交际目的。语言的使用不仅影响个体对语言知识的掌握，也在一定程度上反映出社会文化中的权力关系、价值取向和文化认同。因此，语言使用既是个体语言能力发展的基础，也是社会文化结构的体现。

（三）确保活动的关联性

在初中英语学科实践的设计中，确保实践活动的关联性是提高学生学习效率和促进学生全面发展的关键因素。对于初中生来说，英语学习不仅限于语言本身的掌握，还应与其他学科的知识结合起来，能够在跨学科情境中使用英语。跨学科的学习方式强调了语言作为工具的功能，学生不仅要学会如何使用英语进行交流，还要通过英语学习探究其他学科领域的内容，进而实现多学科的综合发展。英语跨学科主题学习活动打破了传统课堂的界限，将学习的场域从课堂内延展到课堂外，从而建立起更加广泛的知识体系与应用场景。课堂内外的关联性既是物理空间的延伸，也是知识应用、问题解决以及思维发展的延续。通过将课堂上所学的英语知识与课堂外的实际应用场景相结合，学生能够在真实情境中运用语言，提升语言的实际运用能力，并对所学内容有更深层次的理解。

教师需要设计出与学生生活、学科知识密切相关的主题活动，使学生在学习英语的同时能够进行跨学科的知识整合与应用。例如，在英语课程中，学生可以通过阅读与地理、历史、科学等学科相关的文本材料来丰富语言输入并拓宽知识视野。课堂内的英语学习应与课堂外的实际运用相结合。学生既要在课堂上通过模拟对话、角色扮演等活动来练习语言表达，还要将英语与日常生活建立起关联，在日常生活中有意识地运用所学的英语进行交流与探讨，真正做到"学以致用"。课堂外的英语学习活动为学生提供了一个更加开放和广阔的实践场所，通过强化课堂内外的关联，学生不仅能够巩固课堂上所学的语言知识，还能够将这些知识应用于更为广泛的社会情境中，从而增强其语言的实际运用能力和跨文化交际能力。

初中英语学科实践活动与学生核心素养的培养紧密相关。首先，在语言能力建构方面，英语学科实践活动为学生提供了丰富多样的语言输入和输出的机会，通过对话交流、角色扮演、项目合作等形式的实践活动，学生在反复使用语言过程中逐渐形成对语言规则的深层理解，并且能将其灵活应用于实际情境中。实践活动在很大程度上促进了学生语言能力的内化和自我建构，使语言学习不再是单一的知识掌握，而是转化为一种可以实际应用的技能。其次，学科实践活动能够有效增强学生的文化意识。语言既是沟通的工具，也是文化的载体，学习一种语言的过程本质上也是学习一种文化的过程。在实践活动中，学生通过接触不同的文化素材，如节日庆典、风俗习惯、社会价值观等，能够逐渐意识到文化的多样性和差异性。文化体验不仅有助于学生形成跨文化意识，还可以促使他们在语言学习过程中自觉地进行文化比较与判断，从而增强文化敏感度，拓宽国际视野。文化意识的增强还体现在对中华优秀文化的认同感上，通过对异质文化的理解，学生能够更好地理解自身文化的独特性与价值，从而增强文化自信。再次，学科实践活动在提升学生思维品质方面也具有积极的作用。在英语学科实践活动中，学生需要进行独立思考和自主判断，活动中的问题情境、讨论主题、任务目标等往往需要学生通过分析、比较、推理、论证等多种思维方式来确定，这有助于培养学生的逻辑思维、批判性思维和创新性思维能力，使其思维品质得以提升。最后，英语学科实践活动对学生学习能力的提高也有促进作用。传统的英语学习方式以教师为主导，学生被动接收知识，这容易导致学生学习的主动性和积极性不高。而通过学科实践活动，学生在真实的任务情境中进行自主探究和合作学习，有助于激发学习兴趣，增强学习动机。同时，学科实践活动通常以任务或项目为导向，学生在完成任务的过程中需要进行资料收集、信息筛选、任务分工、时间管理等多种学习活动，能够有效提高自主学习能力和综合应用能力。此外，学科实践活动也促使学生对自身的学习过程进行评价与调整，从而形成有效的学习策略和良好的学习习惯，提高学习的自我监控能力。

综上所述，初中英语学科实践活动与学生的语言能力、文化意识、思维品质以及学习能力等核心素养的培养存在着密切的关联性。开展英语学科实践活动，不仅可以有效提升学生的综合语言运用能力，还可以培养他们的跨文化交际能力、高阶思维能力以及自主学习能力，促进学生的全面发展。因此，初中英语教师应充分重视学科实践活动的价值，不断创新活动形式，丰富活动内容，以全面培养学生的核心素养，为他们未来的社会生活和职业发展奠定良好的素质基础。

参考文献

［1］焦尔当. 学习的本质［M］. 杭零，译. 上海：华东师范大学出版社，2015.

［2］波兰尼. 个人知识：迈向后批判哲学［M］. 许泽民，译. 贵阳：贵州人民出版社，2000.

［3］波兰尼. 认知与存在［M］. 李白鹤，译. 南京：南京大学出版社，2017.

［4］程晓堂. 核心素养下的英语教学理念与实践［M］. 南宁：广西教育出版社，2021.

［5］杜威. 我们怎样思维·经验与教育［M］. 姜文闵，译. 北京：人民教育出版社，2005.

［6］金炳华. 哲学大辞典［Z］. 修订本. 上海：上海辞书出版社，2001.

［7］黎靖德. 朱子语类：第1册［M］. 北京：中华书局，2004.

［8］联合国教科文组织. 一起重新构想我们的未来：为教育打造新的社会契约［M］. 北京：教育科学出版社，2022.

［9］中共中央马克思恩格斯列宁斯大林著作编译局. 列宁全集：第十八卷［M］. 北京：人民出版社，1988.

［10］中共中央马克思恩格斯列宁斯大林著作编译局. 马克思恩格斯文集：第一卷［M］. 北京：人民出版社，2009.

［11］中共中央马克思恩格斯列宁斯大林著作编译局. 马克思恩格斯选集：第一卷 ［M］. 北京：人民出版社，1995.

［12］中共中央马克思恩格斯列宁斯大林著作编译局. 马克思恩格斯选集：第一卷 ［M］. 北京：人民出版社，2012.

［13］马雷特，等. 人是如何学习的 Ⅱ：学习者、境脉与文化 ［M］. 裴新宁，王美，郑太年，译. 上海：华东师范大学出版社，2021.

［14］毛泽东. 毛泽东选集：第一卷 ［M］. 北京：人民出版社，1991.

［15］梅德明，王蔷.《义务教育英语课程标准（2022 年版）》解读 ［M］. 北京：北京师范大学出版社，2022.

［16］梅洛-庞蒂. 知觉现象学 ［M］. 姜志辉，译. 北京：商务印书馆，2001.

［17］诺尔-塞蒂纳. 制造知识：建构主义与科学的与境性 ［M］. 王善博，等译. 北京：东方出版社，2001.

［18］舍恩. 反映的实践者 ［M］. 夏林清，译. 北京：教育科学出版社，2007.

［19］孙有中. 义务教育教科书·英语：七年级上册 ［M］. 北京：外语教学与研究出版社，2024.

［20］王勉三. 知行合一：王阳明 ［M］. 北京：北京时代华文书局，2019.

［21］王阳明. 传习录：卷 5 ［M］. 北京：商务印书馆，2017.

［22］王寅. 体认语言学 ［M］. 北京：商务印书馆，2020.

［23］杨小微. 指标与路径：中国教育迈向现代化 ［M］. 北京：教育科学出版社，2020.

［24］余文森. 核心素养导向的课堂教学 ［M］. 上海：上海教育出版社，2017.

［25］杜威. 民主主义与教育 ［M］. 王承绪，译. 北京：人民教育出版社，2001.

［26］杜威. 学校与社会·明日之学校 ［M］. 赵祥麟，任钟印，吴志宏，译. 北京：人民教育出版社，2005.

［27］赵世举. 语言与国家［M］. 北京：商务印书馆，2015.

［28］郑金洲. 教育文化学［M］. 北京：人民教育出版社，2000.

［29］中华人民共和国教育部. 义务教育课程方案（2022 年版）［M］. 北京：北京

师范大学出版社，2022.

［30］中华人民共和国教育部. 义务教育英语课程标准（2022 年版）［S］. 北京：

北京师范大学出版社，2022.